慶應義塾と太平洋戦争

共同研究

本文篇

白井 厚［監修］
慶應義塾大学経済学部白井ゼミナール［著］

慶應義塾大学出版会

塾生出陣壮行会

戦局次第に厳しさを増し、1943年10月2日勅令「在学徴集延期臨時特例」が公布され、それまで学生に与えられていた徴兵猶予の特権はなくなり、満20歳以上の男子は徴兵検査に合格すれば学窓をあとにして12月には入隊することとなった。世に言う「学徒出陣」で、各大学、高等学校や専門学校では各種の壮行会や激励の行事を行っている。慶応義塾では11月19日に日吉で予科生の出陣壮行会、23日には三田で塾生出陣壮行会が行われた。写真右上は三田の大講堂（大ホール、現在の西校舎のあたりにあった）で塾長の訓辞などが行われたあと、ホールを出て中庭の学生をホール正面から見送る教員たち。左は軍隊式の挙手の礼で別れを告げる学生たち。中央の写真は中庭に並んだ送る学生（手前）と、送られる学生。左下は正門（幻の門）から三田通りに出て隊列を組んで福沢諭吉の墓参に向かう学生たち。門柱には「塾生出陣壮行会」の字が見える。（写真は19年経済学部卒業記念写真帖から）

報国隊結成式

学校の戦時体制化を進め、教職員学生を一体となって修練・錬成・行動する組織としたのが報国隊で、慶応義塾でも塾長が隊長となり、総務・配属将校・学生局員・体育会理事が本部を形成した。右の写真は1941年9月15日に日吉の競技場で行われた結成式における小泉信三塾長と配属将校。このあと元住吉まで分列行進し、以後学生の勤労作業は報国隊として行った。

（写真提供：慶応義塾福沢研究センター）

防空訓練中の衛兵

1942年1月から報国隊は週番制を実施、大学の兵営化は一段と進んだ。正門（幻の門）の掲示板付近には兵営に見られるような衛兵所が造られ、教練服を着た学生が剣付鉄砲ならぬ木銃を持って監視に当った。写真は12月10日防空訓練中のもので、掲示板には訓練空襲警報発令中という紙がはってある。

大学の兵営化には批判的な空気も強かったが、これは「塾生道徳化運動」の一環であり、道徳化＝規律強調＝塾生精兵化と考えられた。防空はこのころはまだ訓練だったが、やがて三田校舎は米軍機の襲うところとなり、1945年5月25―6日の空襲で背後の図書館八角塔と屋根は燃えて鉄骨を残すのみとなった。

（写真提供：慶応義塾福沢研究センター）

「出陣」学生に訓辞を与える小泉塾長

1943年11月23日、三田の大ホールでは午前9時半から出陣塾生壮行会が行われ、小泉塾長が激励の訓辞を述べた。学生生活に別れを告げる学生たちは緊張した面持で戦場へ向かう決意を固めたが、「出陣」者の記録が残っていないので、「出陣」した学生数は不明。この時臨時徴兵検査を受けた学生は4268名。合格者の数はわからぬとしても総出陣数3千余名（『慶應義塾百年史』中巻（後）、慶應義塾、1964、992ペイジ）と推定されている。白井ゼミの調査では19年の卒業生（1943年11月に仮卒業）の戦死者112名、大学3年、2年、1年の在学生、254名、予科生26名、高等部19年卒業戦没者7名、在学生4名で、その大部分はこの時入隊したであろう。

（写真提供：慶応義塾福沢研究センター）

明治神宮外苑の出陣学徒壮行会で行進する慶大生

悪天候の式典で有名な文部省・学校報国団主催の壮行会は、1943年10月21日明治神宮外苑競技場で開催された。日本映画社が撮ったニュース映画が今も繰り返し使用されているので、見た人は多いであろう。上の写真は慶大生の先頭集団で、他大学の角帽に対し丸帽で人数も多いため一際目立ったようだ。この先頭隊列の中からも、戦死者が出ている。この壮行会については学徒出陣五十年会が編集した『検証・陸軍学徒兵の資料』に詳しい。(同資料編纂委員会編集発行、1993年。増補・改訂版は五十年会を継承した学徒兵懇談会により1999年発行。)

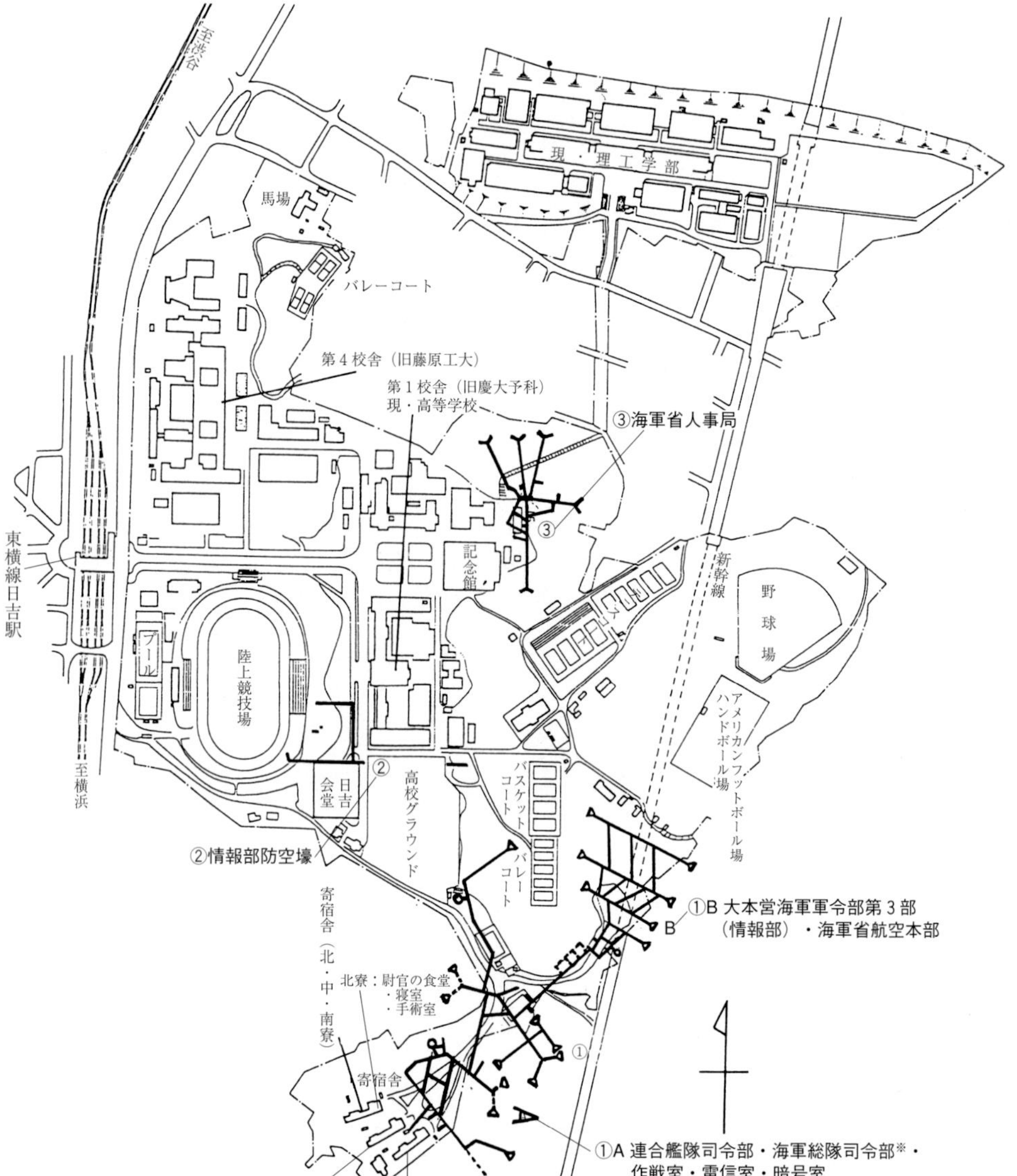

日吉台（東側）地下壕の分布図

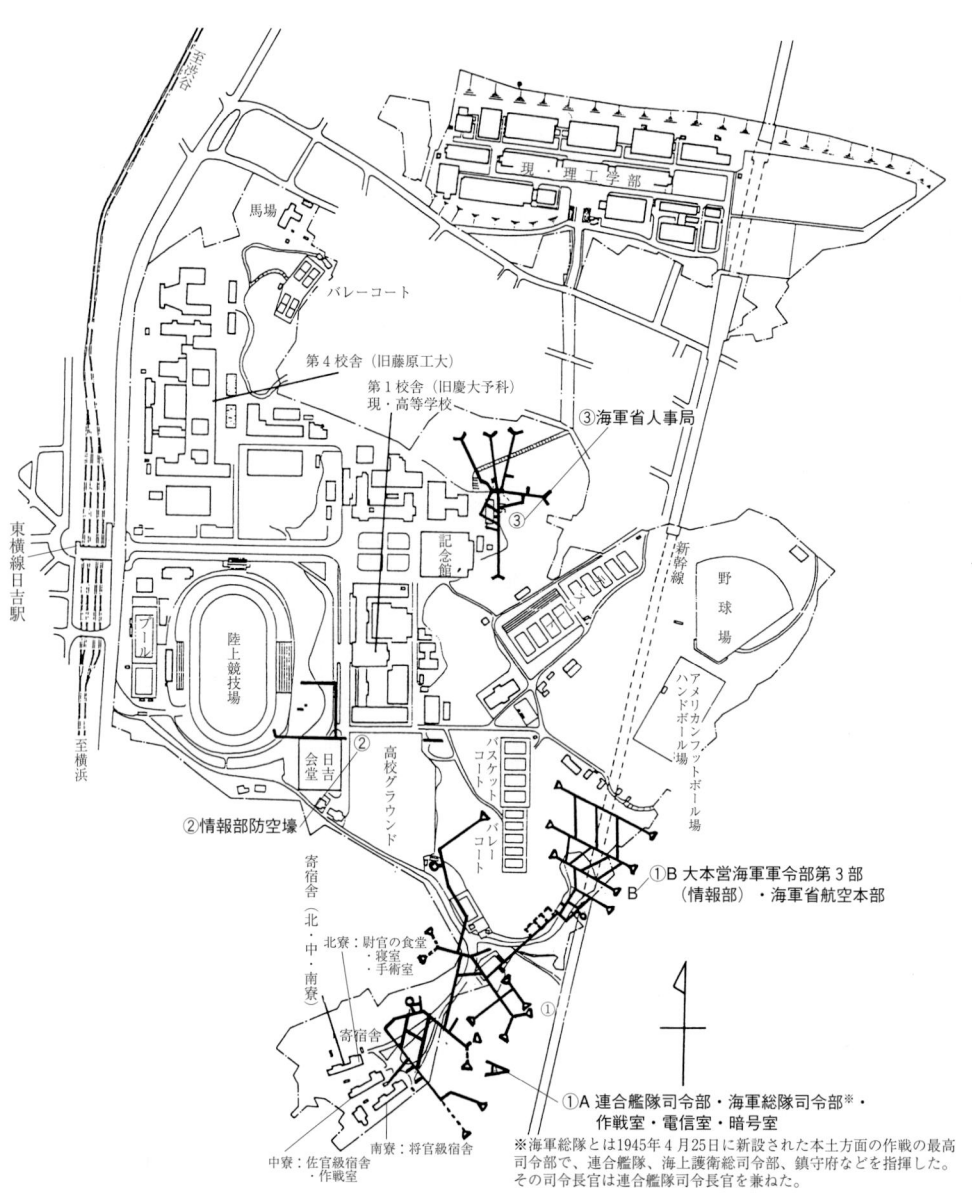

通信室復元図　当時は珍しい蛍光灯が使用されていた。

右：日吉キャンパスの地図と地下壕
（提供：慶応義塾）

上、左：地下壕内の様子
（提供：ヒサ・クニヒコ氏）

日吉は1944年2月ごろから第1校舎（現在の日吉高校。当時は大学予科の校舎だった）が海軍軍令部と建設部隊に、東洋一を誇った寄宿舎は連合艦隊司令部に貸与され、寄宿舎の南寮は豊田副武連合艦隊司令長官ら将官が、中寮には佐官が、北寮には尉官が居住、海軍の中枢となった。その周辺地下には7月頃から総延長2.6㎞に及ぶ地下施設が掘られ、これは日吉周辺全体では総延長5㎞ に及ぶ。これを約2000人が掘ったが、うち700人は朝鮮人労働者で、昼夜3交替で特に危険なところを掘らされた。当時の壕内の写真がないのでヒサ・クニヒコ氏のイラストで復元した図を示すと、連合艦隊の幕僚たちは空襲時は壕に入って太平洋などに広がる全海軍の戦闘を指揮、通信室には無電関係の多くの機材を置いたため暗号隊と通信隊は常に壕内で勤務。そこからレイテ作戦、沖縄作戦、特攻隊の出撃、戦艦大和の出撃などの命令が出された。軍の中枢施設になっていたため、戦後は日吉キャンパスは占領軍に接収されてしまった。

戦争の実態を示す重要な施設であるため、日吉台地下壕保存の会が現在調査や保存運動を進めている。

寄せ書きした国旗を入隊する者に贈って激励する例は多いが、これほど多くの教職員の名を連ねたものは珍しい。昭和18年卒業の山崎豊弘氏は、1943年11月の入隊を前に慶大を訪れ、正門（幻の門）脇の三色屋でこの旗を買って、板倉卓造教授から「武運長久」の揮毫を得、今泉孝太郎教授に頼んで塾長室で小泉塾長に「忠孝不二」と書いてもらった。これは忠孝一致の意で、塾長は常にこの語を撰んでいる。この旗は塾監局2階の教員室入口に置かれ、丁度昼休で講義を終えた教授たちが次次と筆を執ったので、38人の署名が並んだ。学部を越え職域を越えた連署に山崎氏は非常に喜び、戦場へ持って行って汚してはならぬと留守宅に保管、今も墨痕鮮かである。署名の主たちは戦後の平和な日本で活躍し、今は2～3の生存者を数えるのみ。

はじめに

この書は、慶應義塾大学経済学部における私のゼミナール（学則上の正式名称は「研究会」）が一九九一年四月から始めた共同研究の一つの成果である。

「太平洋戦争と慶応義塾」というテーマを決めたのは、私が一九九〇年四月から一年間オクスフォード大学の Nissan Institute of Japanese Studies から招かれて英国の日本研究に協力していた時であった。

このテーマを選んだ動機はいくつかある。第一に、私のゼミナールが先にまとめた『慶応義塾消費組合史』（慶応通信、一九九一年）の実績(1)であって、オクスフォードでその校正刷りを点検しながら、学生が協力すればこれだけの成果を生み出せるのだから、帰国後のゼミナールでも学生の力を発揮しうるようなテーマを、と企画した。学生がゼミナールにいるのは三年と四年の二年間なので、これまで誰も手をつけず、しかも学生の手で大量の情報を集めることができる対象が効果的である。

第二に、戦争史の持つ重要性を痛感したことである。日本は戦争に懲りたため、戦争を放棄し、戦争研究までも放棄する風潮があり、戦争史、軍事史などは防衛庁でやるもの位に考えられてきた。しかしイギリスでは、大学で戦争が研究され講義されている(2)。イギリスの歴史はそのかなりの部分が戦争史なのだから、歴史の研究が戦争史をふくむことは当然である。しかも、歴史に及ぼす戦争の影響はとてつもなく大きい。産業も技術もイデオロギィも学問も、いや国民の生活自体が、戦争によって大きく変わる。戦争の是非を越えてその研究は重要であり、平和を護るためにも、戦争研究は不可欠である。イギリスの大学では晩餐のハイ・テイブルでも戦争がよく話題になり、戦争史や軍事戦略や国際紛争研究の専門研究者を前にして、私はささやかな常識しか語れない無知を恥じた。

第三に、大学における戦没者祈念の問題がある。欧米の大学を訪れると、壁面に彫られた大学関係戦没者の名や祈念碑を目にすることが多い。ノブレス・オブリージュ（特権を持つ者の義務）の伝統で、大学卒業者の戦死率は一般よりも高いと言われる。しかるに日本の大学では、戦死者の氏名はおろか数さえ不明なのである。現代の恵まれた学生を見ていると、何とかして戦乱の中に倒れた先輩達の時代や体験を明らかにして後世に正確に伝えたい、と私は考えるようになった。

こうして始められたこの共同研究には、いくつかの特色がある。

a．これは戦争と大学の関係を扱った最初の調査研究のようであって、戦争という異常な時期における学生たちの精神史、戦争と高等教育、大学の戦争責任、卒業生たちの社会的役割、五〇年後の変化、戦争体験の継承など、いくつかの重要な問題を世に提起することとなった。もちろん一大学についての歴史調査は小さな個別研究に過ぎないが、当時は大学は四八校しかなく、慶大は早稲田大学や東京帝国大学と並んで大手の大学だったし、しかも自由主義的大学として興味深い対象である。このような個別研究が他の大学でも行われれば、アジア太平洋戦争の研究が一層の広がりを持つこととなろう。

b．これはゼミナールの共同研究である。戦争を全く知らない学生たちが半世紀以上前の学生生活や軍隊組織を知るのは困難であったが、彼らは資料に取り組み先輩たちを尋ね、私も知らなかったような新事実を次々と発見していった。これは戦争を研究する若い世代の最初の大きな成果であり、諸先輩の暖かい指導によってたどり着いた水準を示す報告書である。

c．この調査研究を始めたことによって、われわれのもとには膨大な資料が蓄積された。後輩に対する卒業生の関心は非常に強く、ゼミナールの共同研究に対して半世紀前の卒業生のアンケートが約一七〇〇通も集まった。しかもこのアンケートには克明な記入があり、今回はそのごく一部しか発表しえなかったが、太平洋戦争研究の貴重な歴史史料として後世においても珍重されることであろう。その他、手紙、日記、写真、本、雑誌、名簿、学生時代のノート、軍隊用品、手帳、秘密文書、遺書、愛唱の詩などが小包や宅配便で次々と送られて来て、「塾員の著作に見る太平洋戦争」展（一九九二年）、「写真展―塾生たちの『学徒出陣』」（一九九三年）、「特攻50周年」（一九九四年）、「敗戦50周年」（一九九五年）などの展示を、三田の大学図書館や有楽町の朝日新聞記念会館（マリオン）で開催するほどになった。

d．この研究に対しては反響が非常に大きい。アンケートを送った先輩からだけでなく、他の大学、研究者、団体、マスコミ、外国人など、多くの方から驚くほどの関心を示された。新聞では特に『朝日新聞』が一九九三年二月一六日に「『戦時下慶大生の心』を発掘」という詳しい記事を全国版に掲げ、そこで当時の阿利莫二法政大学総長の〝多くの大学で、学徒兵の記録はまだ整理されておらず、名簿が焼却されたので名前も数もはっきりしない。白井ゼミの共同研究は他に例を見ない〟という評価を紹介して他紙がこれに続いたし、同年四月九日の「NHKニュース7」が「戦争と大学、慶大で初の講義」と題して私の「太平洋戦争と慶応義塾」という講義を紹介、以後学生の活動はしばしばテレビでも報道された。敗戦から半世紀という節目、湾岸戦争や戦争責任や戦後補償やPKO問題など戦争への関心、アジア諸国との相互理解の必要、世代間の断絶を埋める必要性の認識、社会史・地方史・学校史・生活史・自分史への注目など、時代がこのような研究を求めているということであろう。

私自身は、旧制中学三年生の時敗戦を経験し、戦争体験世代の末尾にいた者として、体験継承の責任を強く感じている。また歴史家の末席に連なる者として、正確な記録作成と戦争体験の歴史化・国際化の必要性[3]を痛感している。日本人は記録保存については欧米の水準に比べるとかなり劣り、日清・日露以来の戦争史についても勝利の神話しか知らなかったことが、あの無謀な戦争を引き起こした一つの要因ではないだろうか。平和を護り近隣諸国との友好を深めるためには、戦争の実態を、さまざまな場で正確に記録してそこから学ばねばならぬ。このたびささやかながらこの研究の一部が刊行される事は、日本およびアジアの将来にとって多少の意味があることと信じる。そしてこの仕事が学生諸君の手によって進められたという事実は、人類の未来に希望を抱かせるものであろう。

この共同研究は、当初は三年間ほどの予定で始められた。しかしこのような短期間では到底終わらないことをすぐに痛感し、私は長期戦を覚悟しなければならなかった。ついにそれは私の定年退職後まで続いてしまい、刊行を期待して下さっていた多くの方々には誠に申し訳ないが、この間戦時中の資料が大量に発見されたりして、いくつかのペイパーを副産物として発表することが出来た。特に慶応義塾関係の戦没者を本格的に調査してみると、予想を遥かに上回る人数が発見されて、その確認が最も困難な作業であった。この作業には多くの卒業生が献身的に協力して下さり、その結果、戦後半世紀以上も忘却の淵に沈んでいた多数の戦没者の氏名を、本書の中に収録することが出来たのである。

この書を、あの戦争の犠牲となった二千人以上の慶大関係戦没者の霊にまず捧げる。

一九九九年三月

白井　厚

（1）『慶応義塾消費組合史』の世評は学界においてもすでに定まったようで、十指に及ぶ書評が出たし、アメリカの議会図書館やオクスフォード大学ボドリアン・ライブラリィからも注文が来るに至った。慶応義塾編『慶応義塾豆百科』（慶応義塾、一九九六年）などにも言及があり、一九九八年には改訂二版が出た。

（2）イギリスには戦争研究（War Studies）や平和研究（Peace Studies）の機関があり（Bradford 大学、Ulster 大学など）、また防衛戦略、安全保障、国際紛争分析、戦略研究、戦争と社会変化、世界大戦研究などのコースが、大学や大学院に置かれている。例えば、一九九三年のケインブリッジ大学修士課程におけるヨーロッパ研究学科では、大戦における戦闘の文化史、戦没者祈念の文化史、戦争と芸術・文学などが講じられた。ロンドン大学キングズ・コレッジには、一九六〇年代に戦争研究学部（Department of War Studies）がつくられ、そこで修士や博士の学位を得ることができる。そこの軍事資料室（Liddell Hart Centre for Military Archives）は、戦争史の図書、公文書、軍人や政治家や外交官の私的な資料などを多数集めていることで名高い。

日本の社会思想史学会は、戦後五〇年目の一九九五年に長崎で《社会思想史における戦争と平和》というシンポジウムを行った。（司会＝白井厚、伊藤成彦）日本にも平和学会があり、平和学の講座を持つ大学も増えてきたが、「平和のための戦争研究」は非常に少ない。

（3）その第一歩としては、私の退職記念論文集『大学とアジア太平洋戦争―戦争史研究と体験の歴史化―』（日本経済評論社、一九九六年）があり、そこでは内外の学者などが寄稿し、内外の大学の歴史が論じられている。本書の記述を国際的視野から補うものとして、是非参照されたい。

第四章　アンケート調査結果　73

付属資料

あとがき

『共同研究　太平洋戦争と慶應義塾　本文篇』への追記

〈図表一覧〉

『共同研究 太平洋戦争と慶應義塾　本文篇』(2009 年) 正誤表

該当箇所	誤	正
口絵 2 頁目 説明文 3 行目	右の写真	上の写真
1 頁後ろから 3 行目	一九九六年	一九九五年
11 頁後ろから 2 行目	徳 F 力	徳富力
13 頁 3 行目	冨沢 E 名誉教授	冨沢豁名誉教授
32 頁最終行	B 川寿恵	蜷川寿恵
41 頁後ろから 4 行目	見ることができるよう。	見ることができよう。
58 頁 10 行目	廣田廣	亀田廣
60 頁 3 行目	戦歿者	戦歿将兵
64 頁 8 行目	白井ゼミ編者	白井ゼミ編著
70 頁 7 行目	一九七五年	一九五七年
71 頁 6 行目	『創世』27 号	『創世』28 号
132 頁 10 行目	九八年度夏には	九三年度夏には
付属資料 1 つ目 右頁上から 8 行目	早稲田大学学報	早稲田学報
あとがき 2 頁目 5 行目	歴史の空自	歴史の空白
あとがき 3 頁目 5 行目	願うのみでる。	願うのみである。

共同研究の目的・方法・成果など

□対象

太平洋戦争期（一九四一〜四五年）における慶応義塾の高等教育（大学、予科、高等部）の歴史。

□目的

この対象に関する情報を集め、資料を発掘し、史実を明らかにし、『慶応義塾百年史』などの記述を補正し、今後の研究に貢献すること。慶応義塾の高等教育における学生と教職員にとって、あの戦争は何であったかを考える材料を提供すること。

□研究期間

一九九一年四月〜一九九九年三月。

□研究参加者

慶応義塾大学経済学部白井ゼミナールの学生。一九九六年までは毎年約二〇名の三年生が新たに参加し、四年生になって順次卒業した。一九九六年度には年齢も多様な一二名の通信教育課程学生が参加。その他に軍隊体験を持つ卒業生、アメリカ人の大学院生、秘書など、合計延べ人員は約一〇〇名。

□方法

a. 昭和一七～二四年の卒業生で住所がわかる人全員に対するアンケート。(全部で約七五〇〇名。回答数は約一七〇〇名)

戦争体験を持つ名誉教授全員に対するアンケート。

b. 戦争体験を持つ教職員、卒業生などを訪れ、オーラル・ヒストリィを作成。

c. 「塾員執筆太平洋戦争体験記録文リスト」の作成。

d. 毎週のゼミナールにおける報告と検討、戦争体験者との討論、その他。

□学習法

戦争についての知識が乏しい学生が殆どであるため、読書会、戦時中の勅語や遺書などの研究、啓蒙講演会、映画やビデオの上映、靖国神社や自衛隊や防衛大学校や戦争遺跡や江戸東京博物館の見学、戦争体験世代との交流、討論などを行った。(九―一五ペイジの「ゼミナールの活動記録」参照)

特に一九九五年夏には中国を訪れ、北京で元八路軍兵士、北京外国語大学の学長・教授・学生、社会科学院教授らと懇談、軍事博物館などを見学。

白井と院生は陸軍の特攻基地知覧と海軍の特攻基地鹿屋を訪れるなど、参加者は可能な限りフィールド・ワークを行った。

□白井講義

参加者にこのテーマについての体系的な知識を供給する必要もあって、一九九三年度から白井が慶大経済学部(三田キャンパス)で三、四年生を対象に「太平洋戦争と慶応義塾」という講義を開講。一九九五年度からはこれを「太平洋戦争と大学」と改め、一九九八年度まで続けた。(この講義については、『大学とアジ

ア太平洋戦争』二六一ページ以下を参照）

□中間発表

a．展示（三田の大学図書館において四回、有楽町の朝日新聞記念会館［マリオン］において一回）

b．大学祭の展示とパンフレット作成（毎秋の三田祭において五回）

c．通信教育部の夏期スクーリング参加学生などを対象とする講演会、討論会、研究発表会。

d．出版物

1．展示目録（図書館発行四種）

2．「共同研究『太平洋戦争と慶応義塾』をめぐって」『近代日本研究』（慶応義塾福沢研究センター）第九巻、一九九二年

3．機関誌『創世』（年刊、一九九五年には別冊総集編を刊行）

4．『アジア・太平洋戦争における慶応義塾関係戦没者名簿（案）』（塾広報課で配布）一九九四年

5．「太平洋戦争と慶応義塾」戦争中の学生の意識アンケート調査、慶応義塾大学経済学部白井研究会、『教育アンケート調査年鑑　一九九四』下、創育社、一九九四年

6．『特攻50周年〜現代の若者たちへのメッセージ〜展示と講演の記録』（私家版）一九九五年

7．座談会「戦中・戦後の『三田新聞』を語る」『近代日本研究』第一三巻、一九九六年

8．白井厚教授「太平洋戦争と大学」最終講義『戦争体験から何を学ぶか』（私家版）一九九六年

e．新聞、雑誌、テレビ、書物などによる報道（巻末の「共同研究に関する報道と関連文献一覧」参照）

f．その他修士論文報告会の開催、通信教育部夜間スクーリングや世田谷市民大学、各地の社会教育会館、三田会などにおける講演。

□成果

a．情報収集としてはまず膨大なアンケートの回答と、これに付された資料類がある。本書ではその一部しか発表できないので、継続した別の書を企画している。集まった本や記念品は、展示会に出品したり、講義で示したりして活用し、研究終了後大学へ寄贈する予定である。

また、戦時中の教員の研究業績、発言、行動についても調査し、当時の学問的状況についても認識を深めた。

b．資料発掘としては、例えば図書館や縮刷版で欠号となっていた戦時中の『三田新聞』の提供を広く卒業生に呼び掛けて、欠号を殆ど無くすことが出来た。その他戦時中の手紙や印刷物の発見。

c．史実明示としては、例えば新しく発見された『三田新聞』や卒業生の日記などによって『慶応義塾百年史』や『小泉信三全集』に漏れていた行事や寄稿文が明らかになったし、これを使って行なった元三田新聞記者たちの座談会などがある。

d．『慶応義塾百年史』の補正はこれに止まらず、卒業生数の誤りを指摘し、またかつて慶応義塾審査室が中間発表した戦没者数の実に三倍以上の氏名を本書に記した。（第五章参照）

e．名簿は氏名だけでなく、戦没のデータ、公表された遺書や追悼文の存在も記録し展示などを行なってきたので、この間、遺族との交流が生まれた。上原良司の長野県の実家を訪れて『きけわだつみのこえ』冒頭の遺書や遺品を拝借し都心で初めて公開展示して多数の人に感動を与えたし、遺族や資料から得たデータが戦没者の友人の間で活用され感謝された例は多い。

f．後続の研究のために、われわれはできるだけ大量の正確な情報を公表したいと考えている。特にアンケート、オーラル・ヒストリィ、戦争体験記録文収集という三点は、非体験世代による戦争研究の新しい方法を示したものなので、以後の出版においてその全貌を明らかにしたい。

□用語について

戦前・戦中の資料はすべて旧漢字が使われているが、本書では新漢字に改めた。仮名遣いは原文のままである。

本書では、「大東亜新秩序建設」、日本を盟主とする「大東亜共栄圏」建設を目的とする「大東亜戦争」という呼称は用いなかった。「満州事変」を含めて「十五年戦争」という呼びかたもあるが、実際には一四年以下なのでこれも不適当である。

地域的に見ると、「アジア太平洋戦争」と呼ぶのが最も正しい。しかしわれわれの調査研究は対象を一九四一年一二月以後に限定したので、便宜的に「太平洋戦争」という呼称を用いた。勿論それ以前の日中戦争を全く除外したのではなく、特に戦没者名簿においては一九三七年以降の戦没者を記している。

国際化の時代なので、引用の場合を除いて年号は使用しない。但し、戦時中の卒業年については年号を用いる慣習が根強いので、昭和で示す。混乱を避けるため、基本的には卒業年度でなく卒業年に統一した。人名については、本文では敬称を省略した。

謝辞

アンケート調査には多額の費用がかかるので、慶応義塾学事振興資金、経済学部野村投資信託記念資金、経済学部研究教育資金の援助を得た。また戦争体験世代の大先輩や戦没者の遺族やゼミナールの卒業生からも寄付が寄せられた。記して謝意を表する。

われわれの調査活動に際しては、慶応義塾の福沢研究センター、メディアネット、教務部、塾員課、広報課、管財部、経理部、体育会などの協力を得た。戦没者名簿については特に靖国神社と厚生省のお世話になった。

慶応義塾の大きな特徴の一つは、卒業生が母校を思う念が厚いことである。アンケートの回答を埋める大量の文章や手紙を読むたびに、私はそれを痛感した。多くの大先輩が直接教室に来て戦争体験を語り、学生の質問に懇切に答えて下さった。気軽にインタヴューに応じ、時には講師となり、時には戦友会に学生を招いて下さり、時には複雑な軍隊制度についての疑問など電話一本で明快に説明して下さる大先輩の存在が、われわれの調査にとっていかに大きな力となったことか。このような調査研究でなければおそらく得られなかったであろう世代間の交流が、多くの学生にとっては最も貴重な体験だったようである。戦没者名簿作成に当たっては大先輩にボランティア活動までお願いしたのだが、そのことはまた別に触れたい。

私の定年退職後は、大量の資料があるため慶大の正門前に私的な研究室を作って協力者たちと仕事を続けた。新しい勤務先の帝京平成大学からも研究費の援助を得た。出版に当たっては、慶應義塾大学出版会特に田谷良一氏と村山夏子さんに大変お世話になった。このように多方面の援助に支えられて、本書は出来上がったのである。

白井　厚

日吉地下壕を見学するゼミのメンバー

既述のように慶大と軍中枢部の物理的接点であった日吉キャンパスの地下壕を見学。中は迷路のようで、寺田氏（日吉台地下壕保存の会の事務局長）の案内でやっと歩き、当時の作戦室に到達した。ここはやや広く、幕僚たちが種々の作戦を立て、特攻出撃の命令などを発したのであろう。この先は更にぬかるみで、長靴をはいていないと進むのが難かしい。ゼミにはアメリカ人の院生や中国人の留学生も加わっているので、往時を偲べばそれぞれ感慨無量であったろう。

戦争は何の解決にもならない…… 都心におけるゼミの展示

ゼミナールの活動は多方面に及んだが、一つの中心は大先輩から寄せられた写真、手紙、遺書、本、軍隊用品、武器、秘密文書などを解説付きで展示することであった。三田キャンパスの図書館展示ケースを毎夏2カ月ほど借りてテーマを変えて行った展示が4回、これは広く報道されて学外からも参観者が絶えなかった。1994年の夏に有楽町の朝日新聞記念会館（マリオン）の11階に進出して**「特攻50周年〜戦時下の青春」**展を行った時には、学生が苦心して製作した展示だけに4日間に3千人以上の観客が集まり、30分待ちの入場制限をせねばならなかった。（入場料は200円。）感想文を寄せてくれた人は233人で60代の男性が最も多く56人。37歳のアメリカ人男性は、"I am grateful that as an American, I live in a time when my country is at peace with Japan. May we learn from the bravery and self-sacrifice of these young soldiers that war is not a solution for anything."と記している。

ゼミナールの活動記録（場所を記していないものは慶大三田キャンパスにおける行事）

［一九九一］

四月九日　新学期、共同研究開始

八月一二日　一七年卒業生にアンケート発送開始

八月一四日　Oral history 作成開始、学生五名が石川塾長を塾長室に訪問、インタヴュー

九月一八～二〇日　八ケ岳で合宿

一一月五日　講演会 "War and Remembrance－Revisionism Today" ――Dr. David Williams（University of Oxford）

一一月　三田祭参加「慶応義塾と太平洋戦争」

一二月一七日　講演会「戦時補償問題」――石弘之（朝日新聞論説委員）

Oral history ―― 石川忠雄（塾長、中国政治史）、増井健一（名誉教授、交通経済）ほか

［一九九二］

三月一〇日「学徒出陣」五〇周年をめぐる戦中卒業生懇談会　一九年神代忠男、二一年石井公一郎（司会）、塚越雅則、三雲四郎、小坂肇、西川千孝、里吉栄二郎、吉沢幹夫、深瀬邦雄、井上敏治＋白井厚、福沢研究センター職員、学生三名

三月二八～三一日　九十九里浜で合宿、講演会「陸軍中野学校の教育」――山口俊彦

「学生生活と軍隊生活」――並木淳

四月二二～二三日　伊東温泉で合宿、講演会「太平洋戦争当時の学生生活」――石山皓一
六月二六日　一七年卒業生シンポジウム――武内建徳、戸沼得三
八月八日～九月三〇日　新図書館で「塾員の著作に見る太平洋戦争」展（三田情報センター後援）
八月一五日　終戦記念日講演会「太平洋戦争下の慶応義塾」（通信教育部協賛）
「太平洋戦争下の慶応義塾大学」――白井　厚
「戦争の認識と学徒兵としての観点」――西川千孝（学徒出陣五〇年会事務局）
「敗者が得たもの―学徒兵の青春」――奥村芳太郎（元毎日新聞社出版局編集長）
一九日　一九年卒業生シンポジウム――神代忠男、時国範夫
二七日　講演会「戦争と国家と教育」――小島清文（不戦兵士の会理事長）
一〇月六日　講演会「日本の占領とインドネシアの独立」――浅野健一（共同通信）
一三日　講演会「Discussion on the Myth Held by Americans and Japanese Towards Each Other」――Dr. Jackson N. Huddleston, Jr.
一一月　三田祭参加「太平洋戦争と慶応義塾――学徒出陣五〇周年」
Oral history――川久保孝雄（元塾長秘書、元塾監局長）、伊東岱吉（名誉教授、中小企業論）ほか

［一九九三］

二月一六日　『朝日新聞』が全国版でゼミの活動を大きく報道、以後マスコミの取材が続く
四月九日　経済学部で白井の「太平洋戦争と慶応義塾」開講、NHK総合テレビが報道
二三日　千鳥ヶ淵戦没者霊苑と靖国神社へ　大野俊康宮司の講話を聞く
五月二五日　講演会"Women, Feminism, War and Peace"――Dr. Sarah Perrigo（University of Bradford）
六月一一日　講義で塚越雅則、奥村芳太郎、田波文江が戦時の学生生活について講じる

六月二五日　講演とビデオの会「海軍極秘施設日吉地下壕について」――寺田貞治（慶応高校教諭）
二八日　講演会「累々たる屍」――鈴木均（一九年卒業生、わだつみ会理事）、映画「きけわだつみの声」「学徒出陣」上映　NHKテレビ、衛星チャンネルテレビが撮影
八月六日　写真展準備、東京新聞が取材
九日　写真展作成、衛星チャンネルテレビが撮影
九日～一〇月二三日　新図書館で写真展「塾生たちの『学徒出陣』」（三田メディアセンター後援）、多数のマスコミが取材
一二、一七日　ビデオの会（通信教育部協賛）「学徒出陣」「きけわだつみの声」　来場者多数のため二回
一三日　討論会「『学徒出陣』五〇周年を迎えて」（通信教育部協賛）塚越雅則、亀田広、安達右一＋ゼミ学生＋通信教育部学生　毎日新聞が取材
一三日　NHK総合テレビ、ゼミナールのアンケート集計風景などを放映
九月一七日　防衛大学校見学　卒業生や遺族も参加　幹部自衛官と懇談会
一〇月二〇日　NHK総合テレビ、ゼミナール学生の戦争体験聞き取り場面を放映（石井公一郎宅にて）
一一月　三田祭参加――「太平洋戦争と慶應義塾――教員の発言と行動を通じて」
一一月二六日～一二月一六日　立命館大学国際平和ミュージアム特別展「戦争、大学そして学生　学徒出陣五〇年・わだつみ像建立四〇周年」に慶大関係資料二五点出品
Oral history――昆野和七（元職員）、柳葉好治（元職員）ほか

［一九九四］
二月八日　徳F力元衆議院外務委員会主任調査員の案内で衆議院訪問、塾員議員たちと会い、鯨岡兵輔副議長の戦争体験談を聞く

五月一三日　特攻を扱った映画「月光の夏」試写会
一五日　日吉の旧海軍極秘地下壕見学
五月二四日　講演会「戦争と国家」──小島清文（不戦兵士の会）
六月一一日　靖国神社遊就館の「学徒出陣五十周年」展見学、大野宮司の講話を聞く
七月一九日　講演会──新家清（医学部卒、元自衛隊衛生学校校長）
八月八日～一七日、二二日～一〇月一日　新図書館で「特攻五〇周年」展（三田メディアセンター後援）
八月九日　日吉で講演会 "War and Woman" ──Dr. Thanh-Dam Truong（オランダ、社会科学研究所講師）（通信教育部協賛）
八月一二日　展示見学に高円宮来館　元特攻隊員の話を聴く会──山中良一、斎藤光弘、松浦喜一
一三日　戦争と学徒の青春を考える会発会を手伝う（三田西校舎にて）
八月一七日　ビデオの会「学徒出陣」「きけわだつみの声」
八月一八日～二一日　有楽町の朝日新聞記念会館（マリオン）一一階にて展示「特攻五〇周年─戦時下の青春」、三〇〇〇人以上集まる（入場料二〇〇円）。NHK総合テレビが撮影
九月四日～七日　河口湖で合宿　戦争体験講演会──楠裕次（わだつみ会理事）
九月七日～二五日　田無市中央図書館展示「若い命が消された時　学徒出陣を考える」に資料貸し出し
九月九日　『アジア・太平洋戦争における慶応義塾関係戦没者名簿（案）』発行　広報課で配布
九月一四日　ビデオの会　上原良司に関する報道番組五本ほか
九月二七日　白井、通信教育部夜間スクーリング「社会科学特論─太平洋戦争と慶応義塾」開講
一〇月一一日　講演会 "Politics of History and History of War" ──Dr. Rikki Kersten（シドニー大講師）
一〇月一七日　横須賀の陸上自衛隊第一教育団見学（武山駐屯地、新家清先輩〈医学部卒〉も同行）
一〇月一八日　講演会「医学部ビルマ派遣団」──植村操名誉教授

一〇月二二日　白井、慶大における社会思想史学会大会で特別報告「慶応義塾における社会思想史研究と太平洋戦争」
一一月一八日　講演会「遠洋作戦と科学技術」――冨沢E名誉教授
一一月一八日『「特攻五〇周年」～現代の若者たちへのメッセージ～　展示と講演の記録』発行
一一月二〇～二三日　三田祭参加「太平洋戦争と慶応義塾――特攻五〇周年」
一一月二九日　講演会「戦争の思い出と戦犯問題」――植村操名誉教授
一二月五日　ビデオの会「学徒出陣」「きけわだつみの声」「日本の悲劇」、白井ゼミ出演のNHKスペシャル「長い航跡」、NHKニュース「学徒出陣五〇年　掘り起こす記録」、テレビ朝日ザ・スクープ「秘話！学徒出陣五〇年」

［一九九五］

三月二二日　三年生の銭行（中国人留学生）、塾長賞受賞
四月一一日　最終年度のゼミ開始、通信教育課程の学生一二名も参加
四月一八日　江戸東京博物館見学
六月一一日　「横浜・川崎　平和のための戦争展」に資料貸し出しなど協力
七月四日　通信教育部協賛講演会“Anglo-American Views of War after 1945”――Dr. Gregory Claeys（ロンドン大教授）
八月八日　「アジア・太平洋戦争における慶応義塾関係戦没者名簿」を塾長室で鳥居塾長に呈す
八月八日～一〇月一一日　新図書館で「敗戦五〇周年」展（三田メディアセンター後援）
八月一二日　通信教育部協賛講演会「太平洋戦争とは何だったのか」――白井　厚、Dr. Ann Waswo（オクスフォード大講師）

八月一五日　通信教育部協賛研究発表会「『きけわだつみのこえ』と私」――岡田真実
「発見された伊号第五二潜水艦」――麻田光子
「女性団体の戦争に果たした役割」――亀岡敦子（NHKテレビが先輩と学生の対談を撮影）
八月二七日～九月二日　北京訪問（一八名）、中国人民抗日戦争紀念館など見学。元八路軍兵士、北京外国語大学学長、学生、中国社会科学院教授たちと懇談
一〇月五日　慶応生協教職員委員会の「白井ゼミの展示を見学する会」が開催され、展示の解説と講演

［一九九六］
一月二〇日　白井の最終講義「戦争体験から何を学ぶか」　共同通信が取材
二月六日　戦時中の『三田新聞』を語る会　大学院棟にて、大先輩など二一名参加
三月九日　Laurie Filbeck の修士論文「第二次世界大戦中に戦った学徒兵の思想」発表会　大学院棟にて、遺族、戦争体験世代の先輩など六六名参加
四月一四日　全日空ホテルで白井教授退職記念講演「我がゼミ、我が人生」とパーティ
五月一二日　旧陸軍登戸研究所見学
八月一七日　慶大で戦争と学徒の青春を考える会終戦記念講演会「共同研究『太平洋戦争と慶応義塾』をめぐって」――白井　厚
一二月三日　白井編『大学とアジア太平洋戦争』（退職記念論文集）刊行（日本経済評論社、奥付は八日発行。ゼミOBG、戦争体験者、外国人研究者など二六名が寄稿）

［一九九七］
二月二二日　『大学とアジア太平洋戦争』合評会とOBG会

四月一日　慶大正門前に研究室を設けて研究継続、九九年三月末まで

〔一九九八〕

九月　『アジア太平洋戦争における慶応義塾関係戦没者名簿』改訂版を塾長に呈す

第一章　若い世代のための解説

大学と軍隊

大学と軍隊

大学と軍隊というと水と油の感を与えるかもしれないが、実はかなり密接な関連がある。

まず学生についてみれば、彼らはほとんどが二十歳前後の青年であって、徴兵適齢期の場合が多い。徴兵制がある場合には、国家は徴兵検査や、徴兵猶予の制度をつくらねばならぬ。また、多くの国においては教練の制度があり、軍事教練の指導のために、軍の将校たちが大学に出入りしている。軍は優秀な下級将校を大量に求めているので、教練合格者には将校への道を開いたり、大学の授業料を軍が負担してその学生の長期軍隊勤務を義務付けたり、また、軍人を委託学生として大学に送ったり、学生が委託学生に応募したりしている。国によっては軍人の再教育を大学にゆだねることもしばしば行われてきた。

教員については、最先端の技術などを軍が欲しがるのは当然で、特に理工系では軍の高級将校と教授たちのつながりは深い。軍事科学に関連する分野では、兵器研究の講座もあったし、軍の委託研究や軍の資金供与などはしばしば見られる。その他軍の研究・教育機関との人事交流、軍需企業との産学協同、参謀本部との交流、高級軍人と教授たちとの共同研究、教授たちによる軍の顧問団の形成など、軍学提携は国や時代によって異なるが様々なかたちがある。

そして提携の象徴として、しばしば退役した高級軍人が大学の役職に就く。日本では慶大工学部長の谷村豊太郎海軍造兵中将、東京帝大総長の平賀譲海軍造船中将など技術系が目立つが、戦功ある将軍を遇し大学を国家政策に順応させる方策として、各国にその例は多い。

また、学生の課外活動においても、しばしば軍隊の影が現れる。国防研究会、銃剣術部、射撃部、馬術部、航空部、海洋部、剣道部などは直接間接に軍の指導下にあったり、戦時には外国研究や語学研修などまでが軍に利用される。一般的に言えば、大学は軍人の供給源の一つであるばかりでなく、軍が活用しうる知識の供給源ともなっている。

日本の大学と軍隊

敗戦に至るまでの日本においては、国民皆兵が唱えられ兵役は国民の三大義務の一つと強調された上に、神がかり的な超国家主義の暗雲が大学の上にも次第に重くのしかかってきたので、事態は一層悪化した。〝大日本帝国ハ万世一系ノ天皇之ヲ統治ス〟〝天皇ハ神聖ニシテ侵スヘカラス〟という明治憲法、〝一旦緩急アレハ義勇公ニ奉シ以テ天壌無窮ノ皇運ヲ扶翼スヘシ〟という「教育勅語」はもちろん、教練などを通じて「軍人勅諭」が大学にも浸透してきたのである。真理の追究を目指す大学は本来インタナショナルで学問研究の自由は保証されているはずであるが、大学令（一九一八年）では第一条に〝大学ハ国家ニ須要ナル学術ノ理論及応用ヲ教授シ、並其ノ蘊奥ヲ攻究スルヲ以テ目的トシ兼テ人格ノ陶冶及国家思想ノ涵養ニ留意スヘキモノトス〟と規定され、森戸事件

（一九二〇年）、三帝大事件（一九二八年）、滝川事件（一九三三年）、人民戦線事件（一九三七・三八年）など、次々と思想・研究の自由は抑圧されていった。この間、学生の軍事教練反対運動や反軍国主義運動、反戦運動などの抵抗がなかったわけではないが、治安維持法と特高警察および配属将校の前では無力だったというべきであろう。マルクス主義はもとより、社会主義も自由主義も弾圧され、超国家主義的講座が増加し、戦争の激化とともに大学の兵営化は進み、大学の自治や自由は影をうすくしてしまった。

［参考］白井厚「大学――風にそよぐ葦の歴史」『大学とアジア太平洋戦争』（日本経済評論社、一九九六年）所収。

学校制度

旧制大学と新制大学

旧制大学は、はじめ帝国大学だけで、一九一八年の「大学令」によって公立や私立の大学も認められるようになった。女子大は専門学校という扱いだった。一九四一年時点で、帝大七校、官・公立大一四校、私大は二六あった。当時、大学への進学率は二％と低く、大学予科、旧制高等学校、専門学校などの高等教育機関を加えても約三％、大学生はエリートだとみなされた。

敗戦後新制大学が生まれ、旧制大学が三年制（医学部は四年）であるのに対して、新制大学は四年制（医学部は六年）である。大学と学生の数の増加によって大学進学率は上昇し、大学は大衆化したといわれる。女子大を除く男女共学化、教練や徴兵がないこと、治安維持法や特高警察がないこと、制服制帽姿が激減したことが旧制との大きな違いで、一九九〇年代になって、女子の大学・短大進学率が男子の進学率を上回るようになった。

戦時中は結核などの病気も多く、また多数が戦死したので、平均寿命二五歳といわれた。今日の八〇歳以上の平均年齢はまさに隔世の感である。しかし寿命が短いだけに旧制の学生生活は緊張感があり、読書量は多かったようだ。

（戸塚）

予科と高等部

一九二〇年二月に私立大学として最初に認可された慶応義塾は、大学予科と大学院を付設した。予科は旧制高校と同格で、高等普通教育を施すと同時に、本科各学部に入るのに必要な予備学科を教授することを目的とした。中学五年卒業、または四年修了後入学して、修業年限は三年と定められ、第二次大戦後、新制大学の設置と同時に消滅した。

大学の発足に伴い、一九二二年四月、これ迄の大学部と同程度の専門学校として専門部（二五年二月高等部に改称）が別に設置された。入学資格は中学五年卒業程度とし、主として法律、経済等に関する諸学科を講じ、特に英語の学習に重きを置き、高等の知識と教養とを習得させることを目的とした。修業年限は三年で、一九四四年、戦時下の文科系学校整理の政策によって、生徒募集を停止し、廃校となる。

（新井）

軍　隊

徴兵と徴兵猶予

一八七三年に徴兵令が布告され、これは一九二七年に兵役法となり、満二十歳になった男子を検査の上、陸軍は二年、海軍は三年間常備軍に服務させた。徴兵検査では、体格によって甲種、第一・第二（一九四〇年より第

図1　新制・旧制比較図

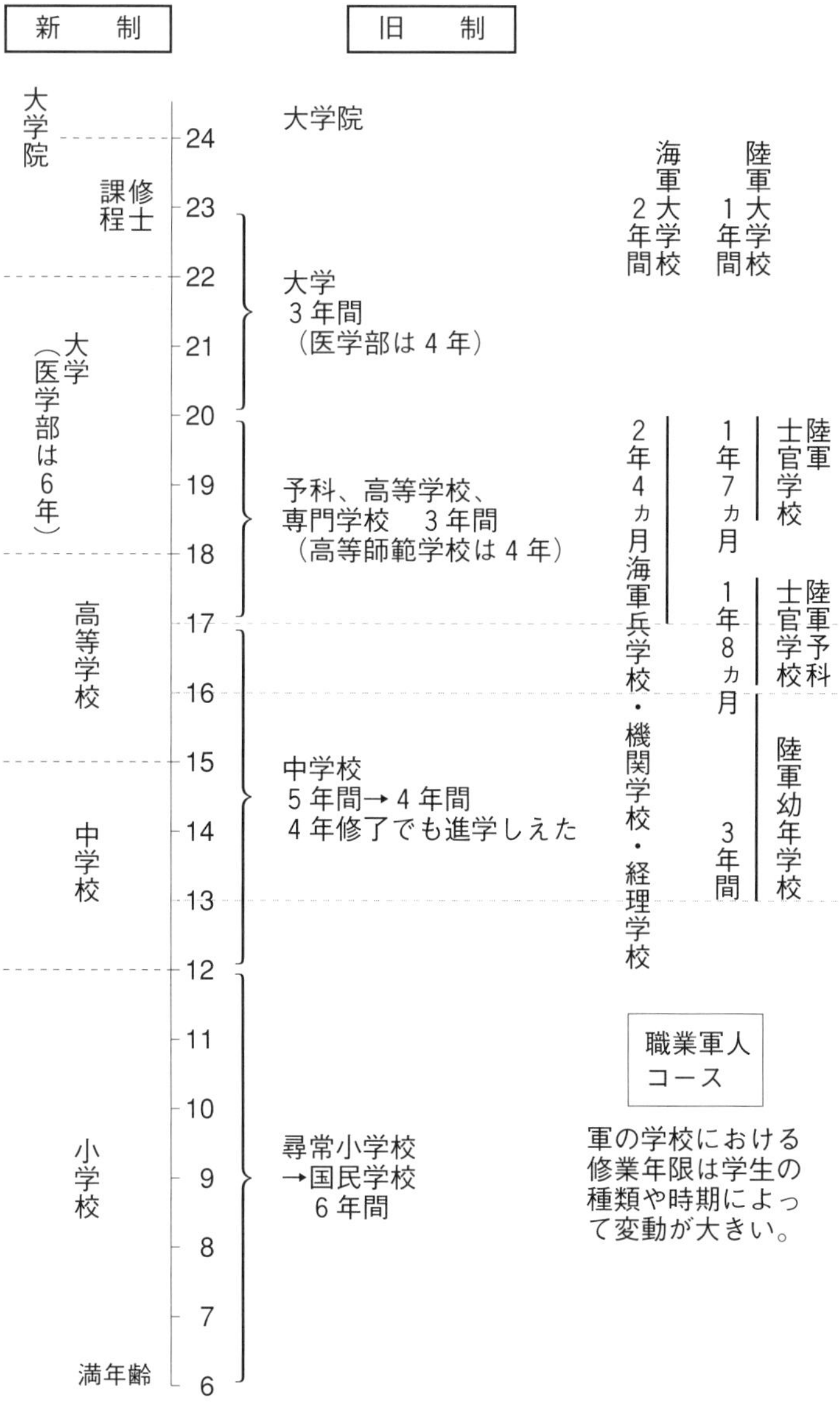
新　制
旧　制
大学院
修士課程
大学（医学部は6年）
高等学校
中学校
小学校
満年齢
24
23
22
21
20
19
18
17
16
15
14
13
12
11
10
9
8
7
6
大学院
大学
3年間
（医学部は4年）
予科、高等学校、
専門学校　3年間
（高等師範学校は4年）
中学校
5年間→4年間
4年修了でも進学しえた
尋常小学校
→国民学校
6年間
海軍大学校 2年間
陸軍大学校 1年間
海軍兵学校・機関学校・経理学校 2年4ヵ月
陸軍士官学校 1年7ヵ月
陸軍予科士官学校 1年8ヵ月
陸軍幼年学校 3年間
職業軍人コース
軍の学校における修業年限は学生の種類や時期によって変動が大きい。

三が追加）乙種、丙種、丁種、戊種にわけられ、必要に応じて上位から現役兵となった。

学生は優遇され、卒業まで（二七歳を上限として）徴集が延期された。これを徴兵猶予と呼び、次第に上限の年齢は下げられていった（一九四一年には二四歳まで）。

しかし、一九四三年に東條内閣が大学、予科、高等学校、専門学校などの学生の徴集延期を停止した。これで「学徒出陣」となる。理科系の学生は、軍が理系の学問を必要としたので入営が延期となった（二三歳まで）。

（長谷川）

兵役の種類と階級

兵役の種類として、陸軍は歩兵・騎兵・戦車兵・野砲兵・山砲兵・騎砲兵・野戦重砲兵・重砲兵・情報兵・気球兵・工兵・鉄道兵・船舶兵・通信兵・飛行兵・高射兵・追撃兵・輜重兵・兵技兵・航技兵・衛生兵の兵種に分けられ、海軍は、水兵・整備兵・機関兵・工作兵・衛生兵・主計兵・技術兵（一九四二年に造船・造機・造兵・水路を改称）・飛行兵・軍楽兵の兵種に分けられた（兵種は変動が激しい）。

兵隊の階級は、陸軍は最下級の兵から二等兵・一等兵・上等兵・兵長・伍長・軍曹・曹長・准尉・少尉・中尉・大尉・少佐・中佐・大佐・少将・中将・大将と階級が上になる。海軍は二等水兵・一等水兵・上等水兵・水兵長・二等兵曹・一等兵曹・上等兵曹・兵曹長と進み、少尉以上は陸軍と同じである。

（土屋）

〈陸軍の教科書における福沢批判〉

職業軍人のエリート・コース陸軍予科士官学校の教科書『国史教程』巻二には、「西洋思想ノ流入」という見出しで福沢諭吉批判が展開されている。すなわち、『学問のすゝめ』は〝我ガ国本来ノ精神ト全ク相反シ〟冒頭の〝天ハ人ノ上ニ人ヲ造ラズ……〟は英国自由平等思想の移植で〝政府ハ国民ノ名代ニシテ国民ノ思フ所ニ従ヒ事ヲナスモノ〟と考えられ、〝政府ハ結局国民ノ代表ニ他ナラズ、天皇親政ノ本義ハ没却セラレ君臣ノ関係モ畢竟便宜的功利的ナル意味ヲ与ヘラルルニ過ギズ〟と攻撃している。

また忠節の鑑として今も宮城前に銅像が建つ楠正成を〝楠公権助論〟で福沢は揶揄したため特に陸軍には福沢を国賊呼ばわりする皇国主義者が多かった。そこで慶大卒業者というだけで痛めつけられた者もいる。海軍でも「福沢諭吉の弊害について」という精神訓話が行われ、そのあと慶大出身者は揃って殴られた例もあった。

戦争へ

治安維持法と特高警察

治安維持法とは、国体の変革、私有財産制度の否認を目的とした結社の組織、これへの加入、その指導や協力などを取り締まる法律である。この法律を基盤にして特高警察は多くの人々を検挙し、自白を強要し、残忍な取り調べの過程で死者を出すこともあった。大学生も取り締まりの対象で、特高警察は大学の教室の中でも目を光らせていた。次に示すのは極秘の『特高月報』一九三九年四月号に載っている慶大左翼の組織図で、いかに綿密に学内を調査していたかがわかる。治安維持法は二度改正、強化され、思想取り締まりだけでなく言論統制、スパイ活動の取り締まりなどにも利用された。

特高警察とは、社会運動、言論・思想取り締まりのための警察機構である。正式名称は特別高等警察。大逆事件を機に、一九一一年警視庁に特別高等課が置かれ、以後各道府県にも設置された。特高警察は当初、社会運動

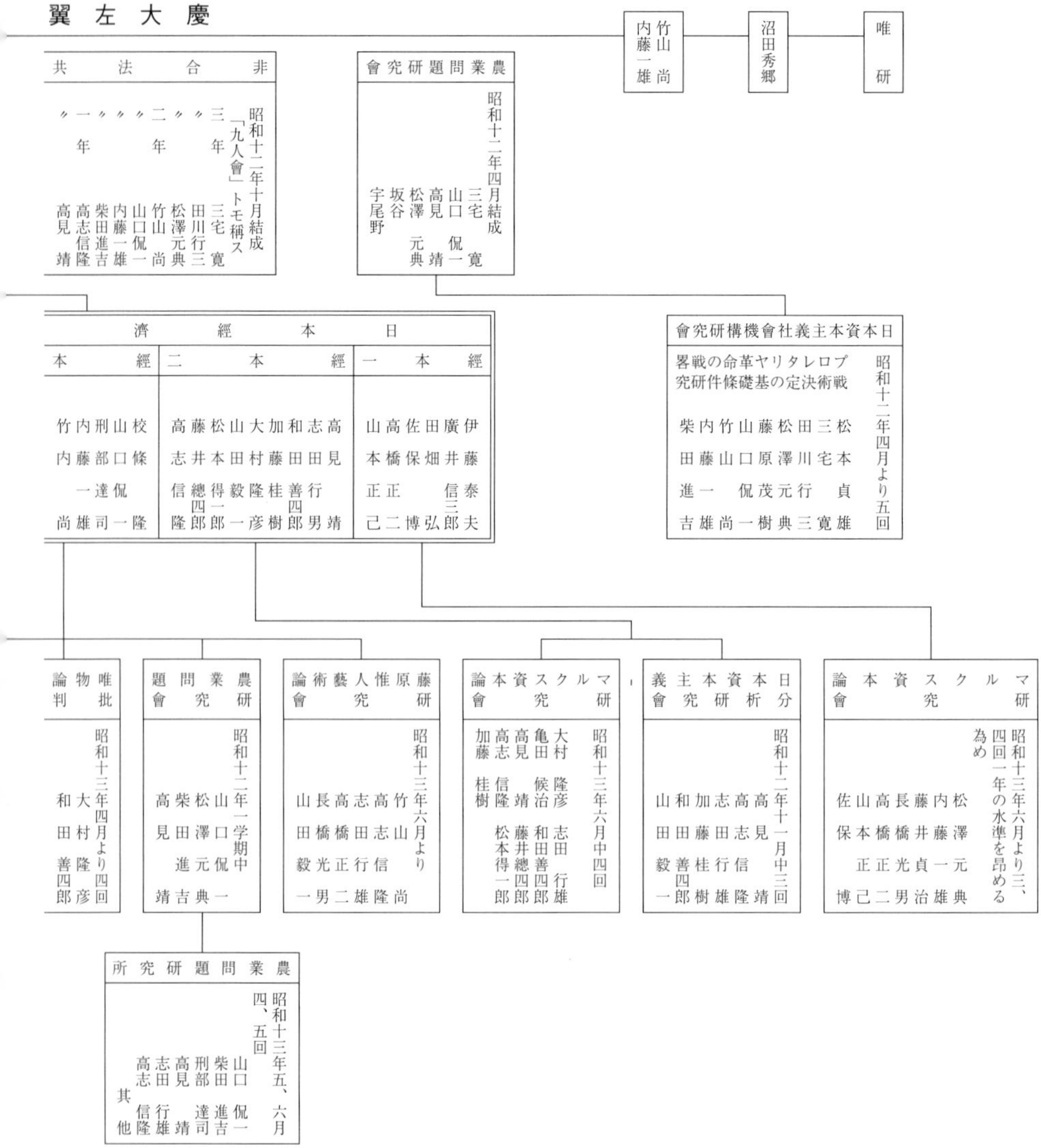

出典：『特高月報』1939年4月号

組織図

組織圖表

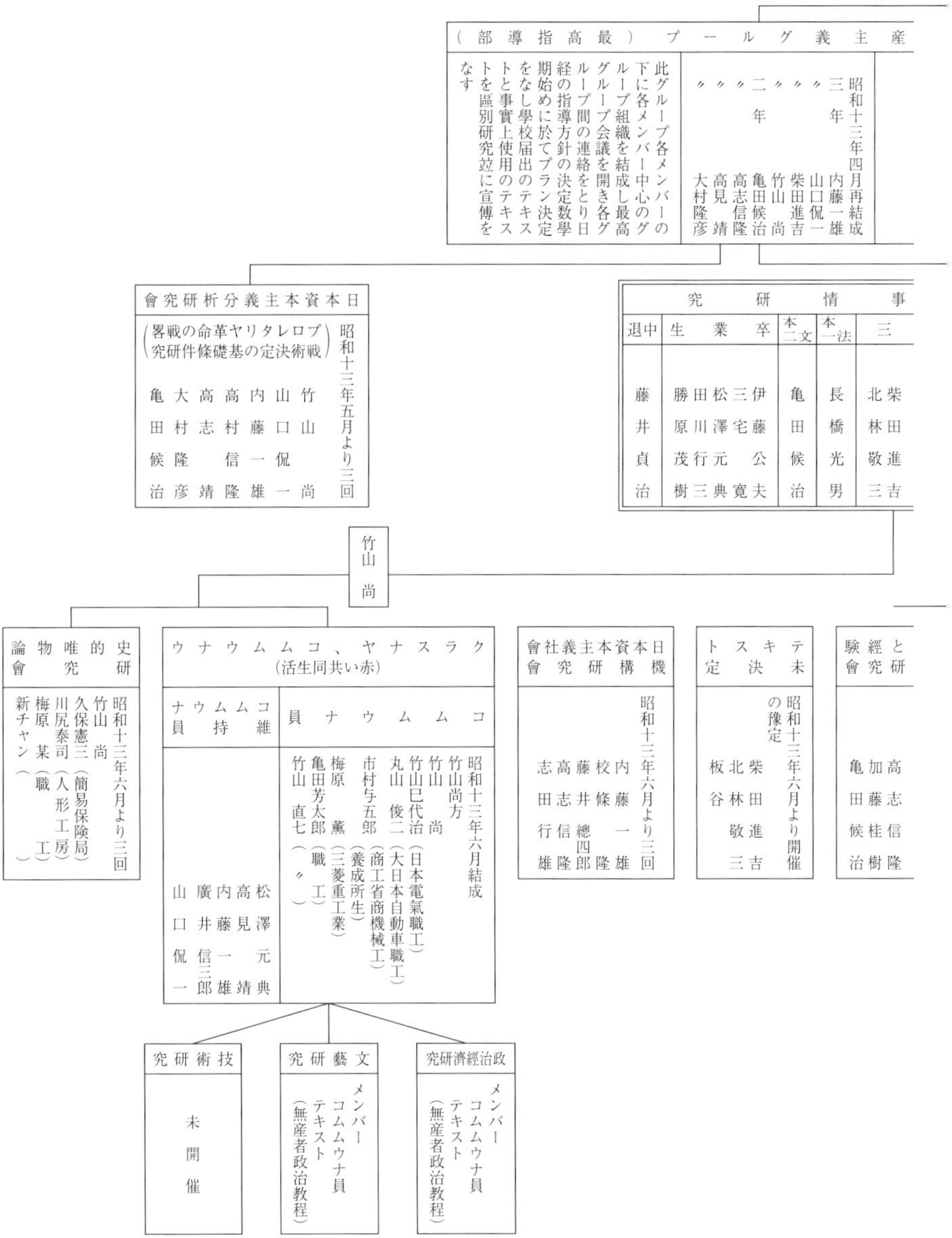
產主義グループ（最高指導部）
昭和十三年四月再結成
三年 内藤一雄
〃 山口侃一
〃 柴田進吉
〃 竹山尚
二年 亀田候治
〃 高志信隆
〃 高見靖
〃 大村隆彦
此グループ各メンバーの下に各メンバー中心のグループ組織を結成し最高グループ会議を開き各グループ間の連絡をとり日経の指導方針の決定数學期始めに於てプラン決定をなし學校届出のテキストと事實上使用のテキストを區別研究竝に宣傳をなす
日本資本主義分析研究會
昭和十三年五月より三回
（プロレタリヤ革命の戦略戦術決定の基礎條件研究）
竹山尚
山口侃一
内藤一雄
高村信隆
高志靖
大村隆彦
亀田候治
事情研究
三 柴田進吉 北林敬三
法一本 長橋光男
文二本 亀田候治
卒業生 伊藤公夫 三宅寛 松澤元典 田川行三 勝原茂樹
中退 藤井貞治
竹山尚
史的唯物論研究會
昭和十三年六月より三回
竹山尚
久保憲三（簡易保険局）
川尻泰司（人形工房）
梅原某（職工）
新チャン（ ）
クラスナヤ、コムムウナ
（赤い共同生活）
コムムウナ員
昭和十三年六月結成
竹山尚方
竹山尚
竹山巳代治（日本電氣職工）
丸山俊二（大日本自動車職工）
市村与五郎（商工省商機械工）（養成所生）
梅原薫（三菱重工業）
亀田芳太郎（職工）
竹山直七（〃）
コムムウナ維持員
松澤元典
高見靖
内藤一雄
廣井信三郎
山口侃一
日本資本主義社會機構研究會
昭和十三年六月より三回
内藤一雄
校條隆
藤井總四郎
高志信隆
志田行雄
テキスト未決定
昭和十三年六月より開催の豫定
柴田進吉
北林敬三
板谷
と經驗研究會
高志信隆
加藤桂樹
亀田候治
技術研究
未開催
文藝研究
メンバー
コムムウナ員
テキスト
（無産者政治教程）
政治經濟研究
メンバー
コムムウナ員
テキスト
（無産者政治教程）

図1 慶大左翼

綱町グラウンドにおける教練

学生は教練服を着て武装し、配属将校が指導する教練に参加した。必修課目で陸軍ではこの評価が幹部候補生の試験に影響するといわれ、"塾生は先ず強き軍人たれ"とかけ声をかけられて戦況の厳しさと共に学生は次第に真剣になったようだ。今の正門の道添いに射撃練習場があったが、主な訓練は綱町のグラウンドを使い、行軍や野営訓練で遠くへ行くこともあった。立っているのは木原大佐。（写真提供：山崎豊弘氏）

中心に取り締まっていたが、二五年に治安維持法が公布されて、その取り締まり範囲が広がり、内容も厳しくなっていった。特高による検挙数は、治安維持法関係だけでも五万二千人に及んだ。

敗戦後の四五年一〇月、連合国最高司令部の覚書により、特高警察と治安維持法は共に廃止された。（是津）

教練

中等学校以上の学校において行われた軍事教練のことを（学校）教練という。教練では小銃操作を中心とした兵器の実技、部隊訓練などが週二時間以上の割合で行なわれ、また野外演習も実施された。

本格的な教練の開始は、一九二五年制定の「陸軍現役将校学校配属令」以後である。陸軍は軍縮によって余剰人員となった現役将校を中等学校以上の学校に配属して温存した。配属将校は教官として、学生・生徒に対する軍事教練を通じて学校全体ににらみをきかせ、また戦時には必要な兵員を確保しようとした。一九三九年には大学の教練が必修となった。

この教練に合格しないと、陸軍では、幹部候補生になれなかった。

［参考］奥村芳太郎「帝国陸軍の学園侵略――『配属将校』覚え書き」、白井厚編『大学とアジア太平洋戦争』（日本経済評論社、一九九六年）所収。

（杉山）

学生狩り

一九二八年の国民精神総動員週間を機に、徴兵猶予の特権を持つ学生たちが街で遊んでいるのを警察が厳しく取り締まったことをいう。数千人の学生たちが連行され、同世代の若者たちが戦っているのに遊び歩いているとがめられたようだ。しかし、銀座を妹と歩いていただけで連行されるなど取り締まりが厳しくなりすぎ、そのために学生たちが政府権力に強い反発心を持つのを恐れた文部省が、内務省に警察の行き過ぎのないように要請することもあった。早大生は学生大会を開いて、警察の不法行為に抗議した。

（山本）

太平洋戦争

修業年限短縮

旧制の大学予科、高等学校、専門学校が三年間、大学の本科が三年間という規程は、太平洋戦争開始後、青年を早く戦場に送る必要から、次ペイジの表のように複雑なかたちで短縮され、繰り上げ卒業、予科の場合は繰り上げ修了となった。その影響は戦後にまで及んだ。

図２　戦中・戦後の修業年限図

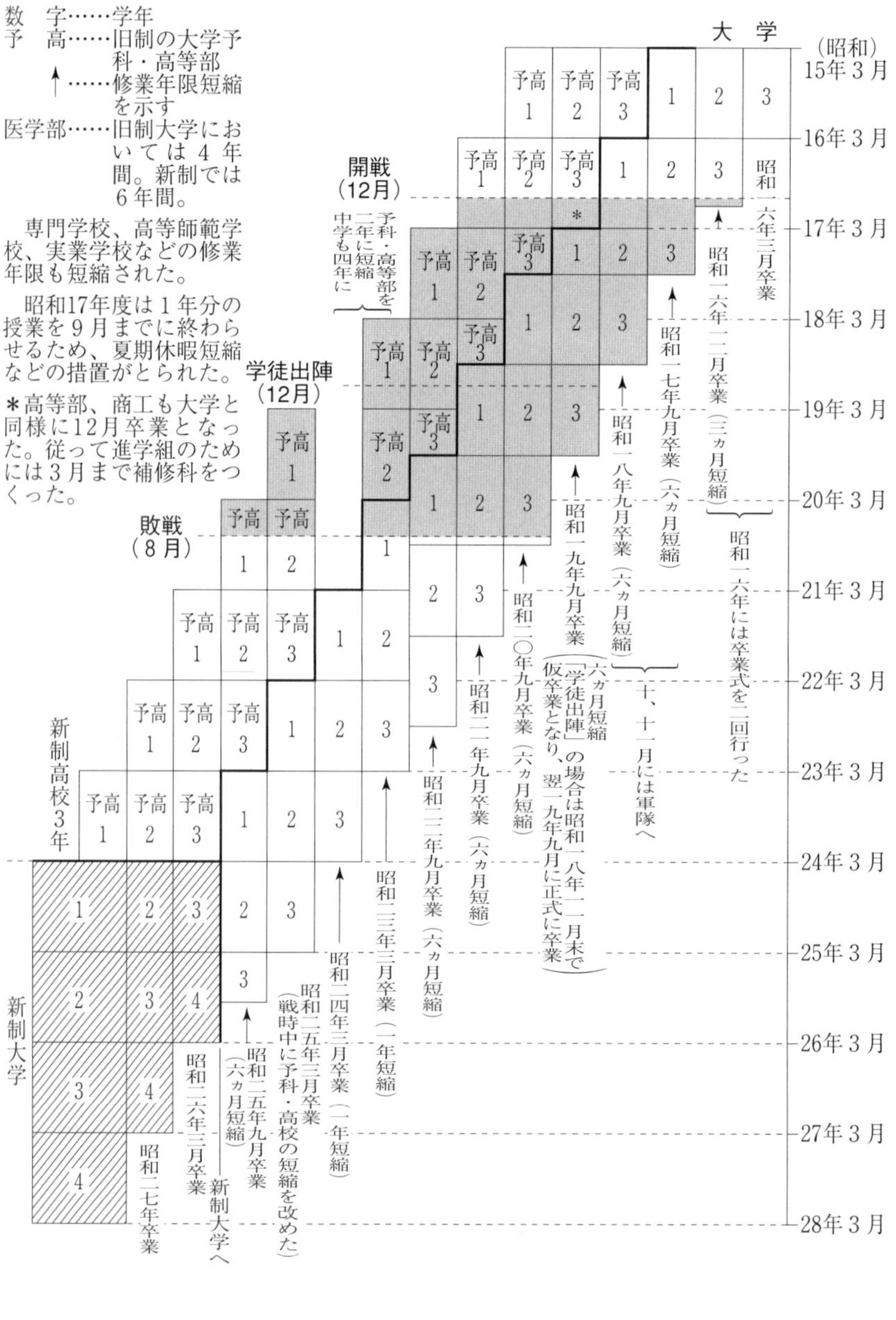

専門学校、高等師範学校、実業学校などの修業年限も短縮された。
昭和17年度は１年分の授業を９月までに終わらせるため、夏期休暇短縮などの措置がとられた。
＊高等部、商工も大学と同様に12月卒業となった。従って進学組のためには３月まで補修科をつくった。

表1　戦中・戦後の標準進級表

予科 高等部 一年入学	二年修了	予科修了・大学入学 高等部卒業	一年修了	二年修了	大学卒業（医学部は四年修了時）	卒業年度
昭和一〇年四月	一二年三月	一三年三月・四月	一四年三月	一五年三月	一六年三月	昭和一五年度
一一年四月	一三年三月	一四年三月・四月	一五年三月	一六年三月	**一六年一二月**（三ヵ月短縮）	一六年度
一二年四月	一四年三月	一五年三月・四月	一六年三月	**一七年三月**	**一七年九月**（半年短縮）	一七年度
一三年四月	一五年三月	一六年三月・四月	**一七年三月**	**一七年九月**	**一八年九月**（半年短縮）	一八年度
一四年四月	一六年三月	**一七年三月・四月**	**一七年九月**	**一八年九月**	**一九年九月**（半年短縮・「学徒出陣」世代）	一九年度
一五年四月	**一七年三月**	**一七年九月・一〇月**	**一八年九月**	**一九年九月**	二〇年九月（半年短縮）	二〇年度
一六年四月	**一八年三月**	**一八年九月・一〇月**	**一九年九月**	二〇年九月	二一年九月（半年短縮）	二一年度
一七年四月	**一九年三月**	**一九年九月・一〇月**	二〇年九月	二一年九月	二二年九月（半年短縮）	二二年度
一八年四月	**二〇年三月二年修了・四月学部入学**		二一年三月	二二年三月	二三年三月（一年短縮）	
		二一年四月	二二年三月	二三年三月	二四年三月	二三年度
一九年四月	二一年三月	二二年三月・四月	二三年三月	二四年三月	二五年三月	二四年度
二〇年四月	二二年三月	二三年三月・四月	二四年三月	二五年三月	二五年九月（半年短縮）	二五年度
二一年四月	二三年三月	二四年三月・四月新制大学三年へ			二六年三月（新制四年卒業）	

ゴチックの部分は太平洋戦争の時期

〔注〕実際には兵役や結核その他の理由もあって標準通りに進級するとは限らない。
旧制大学においては、予科三年、本科三年（医学部は四年）。
昭和二四年四月から新制大学に移行した（四年、医学部は六年）。

「学徒出陣」

学徒（学生―大学、生徒―大学予科・高等学校・専門学校在学者）は徴兵猶予の特権を持っていたが、一九四三年一〇月一日勅令によってこの特権は停止された。長期間の中国侵略と無謀な戦域拡大によって下級将校の不足が深刻となったので、満二〇歳以上の学徒全員に徴兵検査を受けさせ、合格者を戦場に動員するためである。「学徒出陣」とは〝懐疑的になりがちな学生を鼓舞激励するための巧みな演出用語〟（塚越雅則）で、学校は軍の施設（陣地）ではないのだから厳密に言えば誤用であるが、ジャーナリズムなどで今日も用いられる。定義は確定せず、およそ次のような種類が考えられる。

a. 一九四三年一〇月の勅令によって突如徴兵猶予が停止され、二〇歳以上の多数の学徒が一二月に軍に入隊したこと（通常はこれのみを指すことが多い。神宮外苑競技場の雨の壮行会シーンはよく知られている）。

b. 翌四四年の入隊のことも指す。「学徒出陣第二陣」と呼ばれる。徴兵年齢が一九歳に下げられたので、入隊者の数は二年分になった。

c. 一九四五年二月に師範系の入営延期が廃止され、理系の高校・予科などの新入生の入営延期もなくなったので四月に多数の学徒が入隊したことも指す。

d. 徴兵猶予や入隊延期の期間中に学徒が志願して入隊したことも指す。

e. 徴兵猶予の期間が短縮されたこともあって、年齢が当初の猶予期間を超えたため学徒が入隊したことも指す。人数は少ない。

f. 一九四一年以降の繰り上げ卒業のため、学徒が本来の時期よりも早く入隊したことも指す。特に四三年九月卒業生は一〇月に入隊し、戦死者が多い。

g. その他、学生生活と比較的連続して入隊したことも言う。学究の徒が軍隊に入ることを指す場合もある。

三田キャンパスにおける出陣塾生壮行会

のちに空襲で瓦解した大ホールの前で、塾旗を中心に隊列をつくる入隊学生と送別学生たち。今の西校舎前、大学院棟の横あたりで、大ホールはかつてタゴールらの芸術家や外国の大政治家たちが学生に講演を行った慶大の象徴的な建物の一つ。式は激励の歌、勇壮な行進曲で盛り上がり、入隊学生はこのあと福沢の墓参を行い、終わったのちキャンパスとの別れを惜しんでまたこの場所に戻った者もいるという。

〝在学生が軍隊へ〟という意味ではａ～ｅ、特にａとｂが該当し、ｆとｇは卒業生の入隊である。しかし特に戦後は彼らも「学徒兵」、「学生兵」と呼んだ例が多い。

仮卒業

文部省は、大学・大学予科・高等学校・専門学校の最高学年生入隊者で、翌年九月に卒業または修了できる見込みであった者を、一九四八年一一月末に仮卒業・仮修了と認定し、軍隊勤務中でも翌年九月には正式な卒業・修了とした。彼らは帰還後補講を受けられるはずであったが、補講を実施した学校はほとんどなく、四三年一二月に「出陣」した大学三年生の大学在学期間は僅か一年八ヵ月しかない。大学一、二年生は帰還後は原学年に復し、予科・高等学校・専門学校の生徒は上級学年に進むこととしたが、戦後の扱いには混乱があった。

学徒兵の前途

前記の場合、徴兵検査に合格すると八割以上は陸軍へ、特に志願し採用された者は海軍へ入った。陸軍では入営するとまず二等兵になり、その約九〇%が幹部候補生に採用され、各学校・教育隊で訓練を受け、候補生の約六五%の甲種幹部候補生は入隊後一年程で見習士官になり、四五年八月ごろ少尉に任官し、三五%の乙種幹部候補生は四五年五月末に下士官に任官した。そのほかに特別操縦見習士官（特操）の制度があり、特攻を志願した者も多い。

海軍では海兵団へ入団するとまず二等水兵となり、試験を受けて主計科（短期現役、経理学校へ）、飛行専修予備学生（飛行科、飛行要務科）、兵科予備学生（教育部、対潜学校などの学校へ）に分かれて訓練を受け、入団後一年程で少尉に任官した。陸軍よりも任官が早い。大学予科・高等学校・専門学校から来た学徒兵のためには、予備生徒の制度が新設された。

特別攻撃隊

この名称は真珠湾・シドニィ・マダガスカル攻撃における特殊潜航艇の突入の場合にも用いられたが、一九四四年一〇月のレイテ沖海戦以後は、爆弾の命中率をよくするための体当たりを前提とした組織的攻撃を意味した。日本独特の自殺戦法で、戦果を挙げるために訓練され、攻撃によって死ねば二階級特進の栄誉が与えられた。攻撃は飛行機によるもの、潜水艦によるもの、連絡艇によるものなど種々あり、海軍で約四〇〇〇名、陸軍で約一七〇〇名、計五七〇〇名余が特攻死したと言われる（特攻死の認定は困難であって、特攻隊員の戦死でも特攻死とは限らない。）。必死の攻撃は当初は効果的だったが、沖縄戦においては米軍の対抗戦術が向上し、期待したほどの戦果は上がらなかった。士官の七〇%（陸軍）、八五%（海軍）は学徒兵（B川寿恵『学徒出陣　戦争と青春』（吉川弘文館、一九九八年）、一九六ペイジ）で、慶大生の戦死は三六名（白井ゼミ調査）。

〈『きけ　わだつみのこえ』における慶大生〉

この遺稿集の中には上原良司、塚本太郎、林憲正らの慶大生の遺稿が含まれている。（同第二集には、北原洋平、宅嶋徳光）特に上原は、「遺書」と「所感」の二文が収録され、旧版では「遺書」が、一九九七年の新版では「所感」が冒頭に置かれた。これは「所感」が〝日本の敗北を目前にしながら死んでいかなければならなかった学徒兵の万感の思いが端的に表現され、期せずして同時代の悲劇的な運命の証言ともなっているからである〟（「新版刊行にあたって」『新版きけわだつみの声』岩波文庫、五〇〇ペイジ）。実際、〝自由の勝利は明白なこと……権力主義全体主義の国家は一時的に隆盛であろうとも、必ずや最後には敗れる〟などの章句を目にする者は、これが特攻で死んでいく前夜の筆かと驚くであろう。この時上原は二二歳。〝彼の知性には端倪すべからざるものがあった〟とは、学徒兵久米茂の半世紀後の嘆声であった。（わだつみ会編『学徒出陣』岩波書店、一九九三年、四六ペイジ）

なお、上原についての参考文献『あ、祖国よ恋人よ』（上原良司・中島博昭著）は、上原の妹清子によって一九九九年改訂版が刊行された。

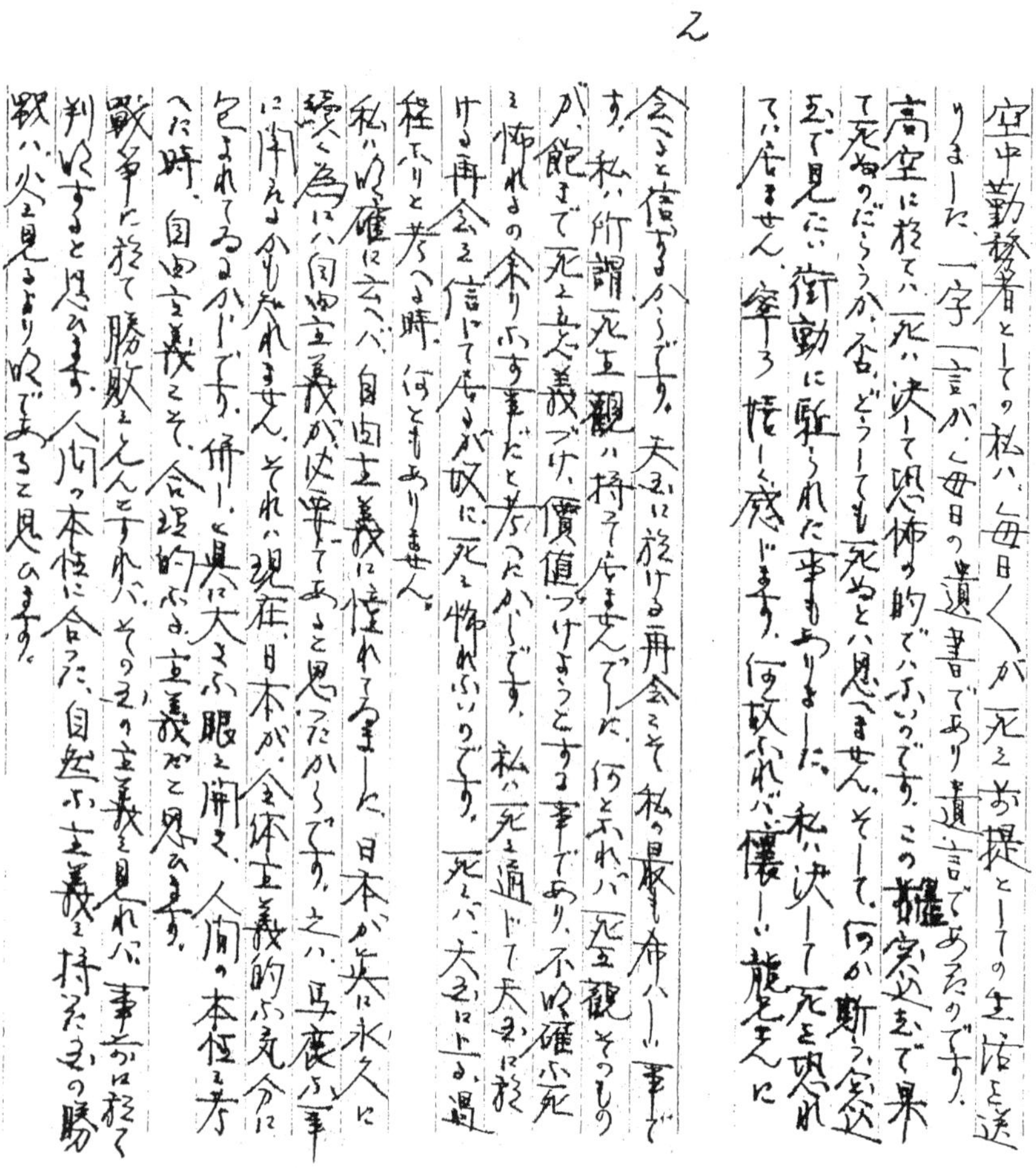

ん

空中勤務者としての私ハ、毎日〱が死を前提としての生活を送りました。一字一言が、毎日の遺書であり遺言であつたのです。高空に於てハ、死ハ決して恐怖の的でハないのです。この儘突込んで果して死ぬのだらうか、否、どうしても死ぬとハ思へません。そして、何か斯う突込んで見たい衝動に駆られた事もありました。私ハ決して死を恐れてハ居ません。寧ろ嬉しく感じます。何故ならバ懐しい龍兄さんに会へると信ずるからです。天国に於ける再会こそ私の最も希ハしい事です。私ハ所謂死生観ハ持つて居ませんでした。何となれバ死生観そのものが、飽まで死生を意義づけ、価値づけようとする事であり、不明確な死を怖れるの余りなす事だと考へたからです。私ハ死を通じて天国に於ける再会を信じて居るが故に死を怖れないのです。死をバ天国に上る過程なりと考へる時、何ともありません。

私ハ明確に云へバ自由主義に憧れて居ました。日本が真に永久に続く為にハ自由主義が必要であると思つたからです。之ハ馬鹿な事に聞こえるかも知れません。それハ現在日本が全体主義的な気分に包まれて居るからです。併し、真に大きな眼を開き、人間の本性を考へた時、自由主義こそ合理的な主義だと思ひます。

戦争に於て勝敗をえんとすれバ、その国の主義を見れバ事前に於て判明すると思ひます。人間の本性に合つた自然な主義を持つた国の勝戦ハ火を見るより明かであると思ひます。

上原良司の遺書原文の一部。帰郷の折に書き残したもの。

第二章　慶応義塾の特徴

戦争中日本全土に存在した大学は四九校で、今の日本に比べれば大学の数は十分の一以下、しかも学生数は約九千人の東京帝大が最大で、続いて早大が約八千人、慶大が約七千人、日大が約六千五百人、京都帝大が六千四百人…というような状態であった。私学には早・明・法・中大などの法学系、日大、国学院大などの国学系、同志社大・立大などのキリスト教系、龍谷大・大谷大などの仏教系、京都医大・日本医大など単科大学と多様であるが、その中で慶大は以下の点ですぐれて個性的な大学であった。

a　創立者福沢の影響

私学は早大の大隈、同志社の新島など創立者の個性を尊敬し影響を受ける例が多いが、慶大を創った福沢諭吉の影響は群を抜いている。福沢精神、「独立自尊」、〝天は人の上に人を造らず〟等の語は今日でも繰り返し用いられ、『福翁自伝』や『学問のすゝめ』なども読みつがれてきた。〝義塾〟という特殊な校名を学生や教職員は誇りとして、「実学」「気品の泉源、知徳の模範」「社中協力」「半学半教」などを〝塾風〟と称して、常に塾内では福沢の言葉が引用されている。

福沢は日本を代表する啓蒙思想家、洋学者であり、蘭学塾として始めた学校を一年後に英学に切り換え、特にアングロ・サクソン系の自由主義、功利主義によって塾生を教育した。封建門閥制度に対する批判、近代化の精神などは、慶大の歴史を貫いて流れている。

b　自由な私学の伝統

仏教系の大学の源を辿れば、種智院大学など八〇〇年の伝統を持つが、大きな大学の中では慶応義塾の創立が最も古い。すなわち一八五八年（安政五年）一〇月、中津藩の命令によって福沢が江戸築地鉄砲洲（現在の聖路加国際病院のあたり）にあった中津藩奥平家の中屋敷内に蘭学塾を開いた時を起源としている。これは立教（一八七四年）、同志社（七五年）、北大（七六年）、東大（七七年）、法政（七九年）、専修（八〇年）、早大、明大、慈恵大（八一年）などに比べてもかなり早く、明治政府の官尊民卑の風潮の中で困難な道を歩みながらも、一八九〇年には大学部（これは私学最初の総合大学だが法律上は専門学校扱い）をつくり、大学令の制定によって早大、明大、法大、中央大、日本大、国学院大、同志社大、東京商大（今の一橋大）と共に正式に大学となった。以後発展して早稲田、慶応と並び称され、多くの人材を輩出し権力に対抗して〝私学の雄〟と重んじられた伝統がある。その間、私学初の留学生派遣（一八九九年）、大学院設置（一九〇六年）、医学部開設（一九二〇年）、工学部設置（戦時中の一九四四年）など、日本の高等教育に大きな足跡を残してきた。

大学の中でも慶応義塾は、権威主義・形式主義を排し、教授でも正式には〇〇君と呼ぶなど、自由な雰囲気が強い。かつて大学生は角帽をかぶったが、慶応義塾はペンの校章をつけた独特の丸帽で、襟章などは一切用いなかった。

c　アングロ・サクソン系の経済学部

日本の大学は法学部を中心に開設されたものが多いが、慶応義塾の大学部は文学科・理財科・法律科の三学科から成り、特に理財科は後に経済学部となって、大学の中核であった。戦時中の慶大生の約半数は経済学部に属していたので、今日の学生の割合とは大きな違いである。これは、福沢が三度にわたって欧米を視察して国を富ませるために経済学など新しい学問教育の必要性を痛感し、多数の経済書を購入して学生に教え、慶大がアングロ・サクソン系の古典派経済学などの導入・研究の中心だったことによる。卒業生も多く産業界に職を得、官界の東大、政界・ジャーナリズムの早稲田に対し、経済界の慶大、という特色は今でも多少見られるところである。

d　洋学と国際性

蘭学から英学へと転じた慶応義塾は、出発時点から洋学の中心で多数の外国人宣教師[1]を擁し、大学部設立に当っては宣教師ナップに頼んでハーヴァードとブラウン大学出身のアメリカ人を三学科の主任教員に迎えるなど、国際的な性格が強かった。欧米の最新の学問を日本に導入するために、慶応義塾は拠点校であったことは疑いない。福沢はまた留学生の派遣や受け入れにも熱心で、海外に学んだ福沢の弟子は多く、神戸寅次郎・気賀勘重・川合貞一（ドイツへ）、堀江帰一・名取和作（アメリカへ）を正式の留学生として派遣した。私学で最初の試みである。外国から留学生を受け入れたのはそれよりも早く、一八八一年には二名の朝鮮人が正式に入学した。これは日本で最初の外国人留学生受け入れである。以後一時は二〇〇人近くの朝鮮人留学生が慶応義塾にいたこともあり、外国との交流は活発であった。今日では留学生の出入りはさらに増加し、また外国で活躍する卒業生は多い。

（1）慶大における宣教師たちの新しい研究としては、白井堯子『福沢諭吉と宣教師たち――知られざる明治期の日英関係』未来社、一九九九年。

e　実学

福沢が提唱した新しい学問は実学と呼ばれ、これは、1．封建社会の漢学・儒学などとは違い日常生活、社会の進歩、日本の近代化に貢献する学問、2．福沢が実学の語にサイヤンスと仮名をふったように、数理学、物理学など科学的・実証的な学問を指す。慶応義塾においては空理空論を排し、経済学・会計学・医学・物理学などが盛んで、戦後は図書館情報学科、商学部、総合政策学部、環境情報学部、看護短期大学などが次ぎ次ぎと開設された。

f　義塾

義塾という名称は慶応義塾の前にはほとんどなかったようで、これは福沢がイギリスでキングズ・コレッジ・スクールというパブリック・スクール（名門私立学校）を訪問してその組織に感心し、パブリック・スクールの中国語訳に「義塾」とあったところから採用した名称と考えられる。日本では維新前には武士階級の子弟を教える藩学、個人が経営する私塾などがあったが、そのいずれでもない学問共同体（アソシエイション、社中）を義塾と称した。この名称には、1．学問・教育の公共性（社会公共のために）、2．教育の公開性（身分を問わない入学）、3．経営の共同性（学生・教職員・卒業生の「社中協力」）、4．構成員の道徳性（独立自尊、気品の泉源・知徳の模範）を意味するであろう。この名称によって、官学にはない近代性を持った学塾が発展した。

g　一貫教育と都会性

慶応義塾がはじまった頃には十代の生徒が多かったようだが、一八七四年に年少者のために教育を始め（和田塾）、後にこれが幼稚舎という名の小学校になった。そして一八九〇年に大学部が出来て、一八九八年に幼稚舎（六年）―普通部（五年）―大学部（五年）という一貫教育の体系が整備された。その後今日に至るまで、図1のような多くの学校がつくられ、入学試験の弊害から解放された個性的な人材を生み出してきたが、戦時中などは幼稚舎―普通部―大学予科―大学本科に進んだ者が生粋のKOボーイと呼ばれ、慶大生の中核を形成したようである。

このKOボーイたちは、一般に都会の豊かな中流階級の子弟で、スマートな点は陸軍よりは海軍に似ているといわれ、比較的海軍志願が多かった。

◎慶応義塾用語集

慶応義塾では、学生を「塾生」と言う。また塾の高等教育機関（大学学部・大学院・看護短大・高等部・大学付属医学専門・獣医畜産専門学校）の正規の卒業生、および社頭または評議員会の議決により特選された者を「塾員」と呼ぶ。塾生＋塾員＋教職員＝社中である。塾全体の最高責任者は塾長。塾長は慶応義塾の理事長で通常は大学長を兼ねる。教職員や塾長の正式な呼び方は〇〇君である。

そのほか、塾風、塾歌、塾債、塾葬、塾監局、塾旗など、塾がつく用語が多い。塾僕という名称は労働組合の批判があり使われなくなった。

三田は義塾発展の中心地で、義塾の代名詞として『三田学会雑誌』『三田評論』『三田新聞』『三田文学』などとして用いられている。「三田会」は塾員が組織する同窓会で、卒業年別、地域別、職域別、その他の分野別に大小八百団体以上あり、塾員間の交流をはかっている。

（森岡）

慶応義塾の諸学校

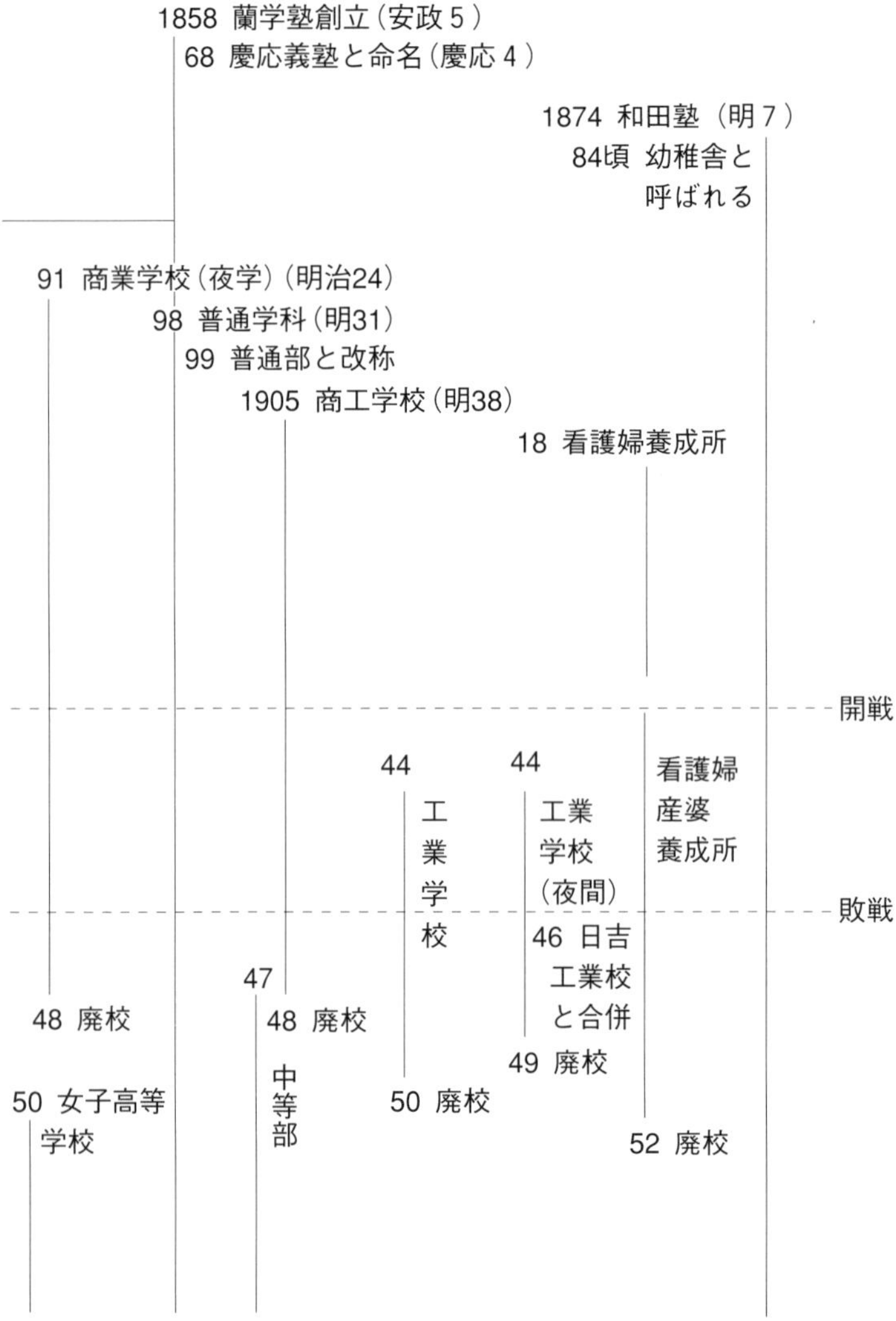
1858 蘭学塾創立（安政５）
68 慶応義塾と命名（慶応４）
1874 和田塾（明７）
84頃 幼稚舎と呼ばれる
91 商業学校（夜学）（明治24）
98 普通学科（明31）
99 普通部と改称
1905 商工学校（明38）
18 看護婦養成所
開戦
44 工業学校
44 工業学校（夜間）
看護婦産婆養成所
敗戦
46 日吉工業校と合併
47
48 廃校
48 廃校
中等部
49 廃校
50 廃校
50 女子高等学校
52 廃校

図1　戦時中を中心とした

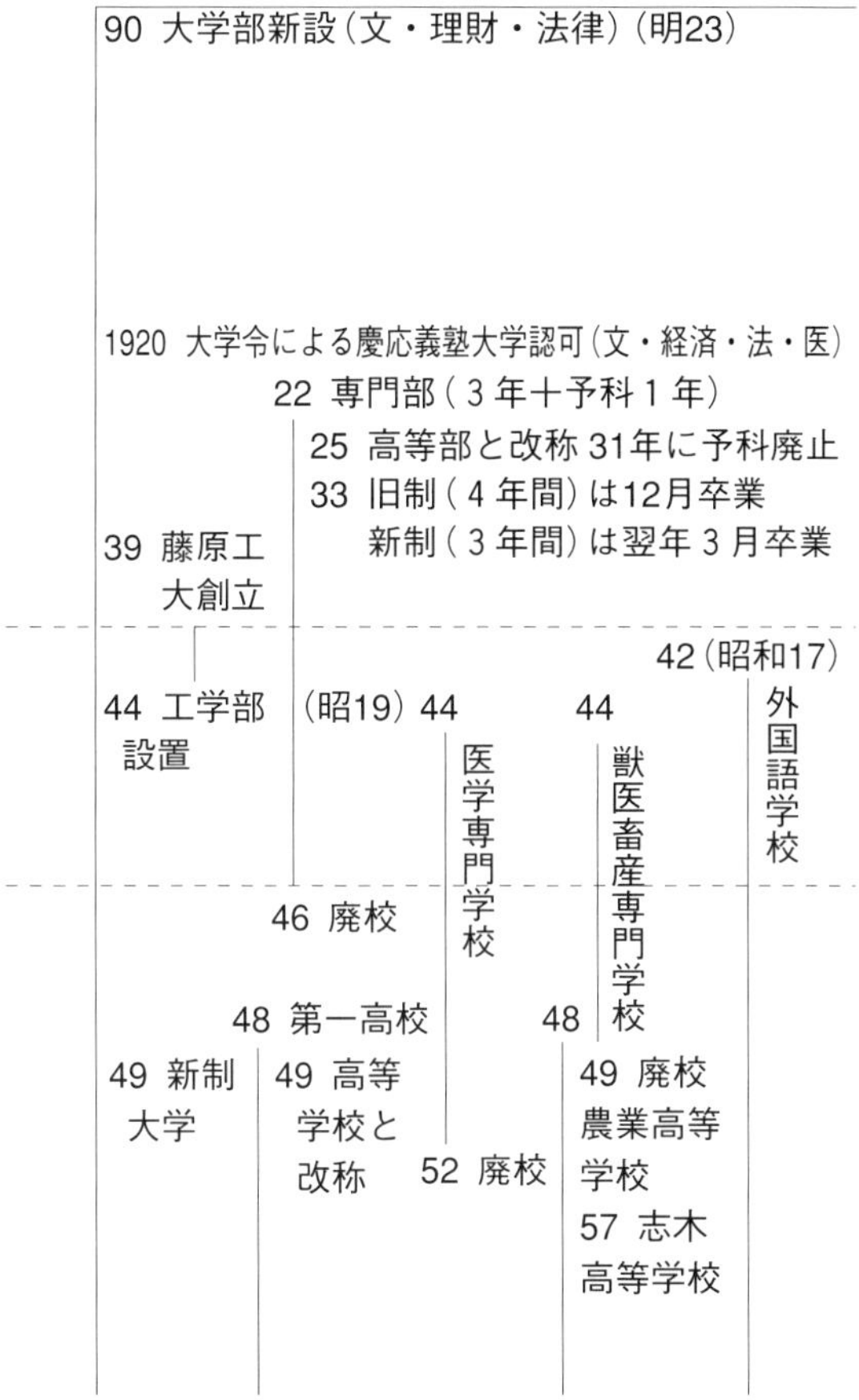

◎財団法人藤原工業大学の寄付により、四四年に工学部と日吉工業学校が設置された。（工学部校舎は四四年の空襲によりほとんど焼失）。
政府の文科系縮小政策により高等部は戦時中に学生募集停止、戦力増強に役立つ学校が多数生まれるなど、この図からも時勢の推移を見ることができるよう。たとえば、外国語学校の「設立趣旨」には、〝戦争の進展に伴ひ、皇威の及ぶ所益々拡大し……大東亜建設の指導者たるべき我国民は、此等諸民族の言語を習得し……〟とある。しかしその中でも、学問の灯はかすかに保たれたようだ。

第三章　太平洋戦争中の慶応義塾

このように〝独立自尊〟の旗を高く掲げ、洋学を摂取して日本近代化の拠点となり自由主義的伝統を最も強力に築いた慶応義塾だが、とうとうたる軍国主義化の流れに抗する術もなく大学兵営化の道を進み、「学徒出陣」の美名のもとに三千余名の塾生を軍隊に送り出し、二千余名の卒業生や在学生を軍人や軍属としてアジア太平洋戦争で失った。校舎は米軍機に襲われて被害最大の戦災校となり、地下に極秘の連合艦隊司令部などを擁した日吉のキャンパスは敗戦後直ちに米軍に接収され、復興に至るまではまさに惨たんたる道程であった。

研究・教育の誇り高き殿堂としての大学が急激に変貌したのは、満州事変、日中戦争、太平洋戦争という戦争を機としており、その概略を示すと次のようになる。

一九二五（大正一四）年

四月　「治安維持法」公布、「陸軍現役将校学校配属令」公布

七月一一日　大学、普通部、商工学校に配属将校
九月三〇日　予科、高等部に配属将校
一〇月　小泉信三と野呂栄太郎、教室で討論

小泉教授が「社会問題」の講義でマルクスの価値論を批判したところ、学生の野呂が立ってこれに反論、教室で水準の高い論争が展開された。小泉は野呂の才能を認め、官憲に追われる野呂の研究に便宜を与えた。詳しくは白井編『大学とアジア太平洋戦争』、四〇ペイジ。白井『社会思想史断章』一一八ペイジ。

一九二六（大正一五）年

四月一六日　野呂栄太郎ら検挙される。（学連事件）

一九二四年五月に野呂が中心となって三田社会学科学研究会がつくられ、これは東大新人会や京大の学生等と学生社会科学連合会（学連）を形成、野呂はその指導者で、学連は軍事教練反対運動を全国に展開した。当時約六〇校の学生約一六〇〇人が学連に加盟したといわれる。

一九三一（昭和六）年

日本経済事情研究会創立

日経と略称されるこの団体は、大学公認で会長永田清教授、顧問野村兼太郎、金原賢之助教授。伊東岱吉、森五郎、伊藤善助らの教員も関係した。次第に左傾して平野義太郎、山田盛太郎らの書をテキストとして学習、大学の内外に組織を広げたようである。
一二四―一二五ページの『特高月報』の図を参照。

七月一日　文部省に学生思想問題調査委員会
九月一八日　柳条湖事件、満州事変勃発
　この頃国防研究会組織

一九三三（昭和八）年

一一月二一日　小泉信三、塾長に就任
一一月二八日　野呂、特高に逮捕され、三四年二月一九日苛酷な取り調べにより死亡

一九三四（昭和九）年

五月　予科、日吉に移転
六月　文部省に思想局設置

一九三五（昭和一〇）年

四月　予科新入生に断髪令、大ストライキとなる

一〇月一六日　予科一年生学生大会で断髪令や校内警察化反対などを決議

一九三六（昭和一一）年

一一月　断髪反対の動きに対し予科当局服装統制を強化（予科三年生の断髪は随意）

一九三七（昭和一二）年

四月　教練服制定

七月七日　盧溝橋事件、日中戦争勃発

八月　防護団結成、小泉塾長が団長となる

一〇月　出征軍人慰問会組織

一〇月五日　小泉『忠烈なる我が将兵――慶応義塾々生諸君に告ぐ』を学生に配布

一二月一八日　大学・高等部で南京陥落祝賀式、皇居と靖国神社参拝

一二月　文部省に教学局設置、小泉塾長参与（勅任官待遇）となる

一九三八（昭和一三）年

二月三日　天皇・皇后の御真影と教育勅語謄本下賜、奉戴式挙行（奉安所は塾監局三階北側）

四月　文部省教学局の思想統制に対応し、文学部に「明治文化史」開講（講師は富田正文）

一一月一日　大学・高等部で漢口陥落祝捷記念式と行進

一一月二九日　日本経済事情研究会会員二九名逮捕される

この年あたりから塾内の服装検査が厳重になる。予科では戦前から断髪令と服装検査が厳しく、教練の教官や学生係を中心に取り締まりが行われたが、赤靴や茶色のオーバーや長髪で対抗する学生が目立った。開戦後は全塾で戦時色が強まり、「塾生道徳化運動」に至る。

一九三九（昭和一四）年

四月　大学学部で教練が必修科目となる

九月一日　「興亜奉公日」の行事を行う（四一年一二月まで毎日一日に行った）

一九四〇（昭和一五）年

一月　小泉『塾の徽章』を『三田評論』、『三田新聞』に掲載、更に小冊子として学生に配布

小泉は前年末に三田と日吉で講演し「塾の徽章」の輝きを増すよう塾生に訴えた。これは「気品の泉源智徳の模範」という塾の目的を戦時態勢の中で説いたもので、容儀端正で剛勇不屈な塾生をつくろうとした。塾歌に影響。

七月一二日　マルクス・エンゲルス関係図書の和訳二百冊の閲覧禁止命令が出て、三田警察署員が図書館に提出を求める。これらを目録カードから撤去することで提出を免れる。

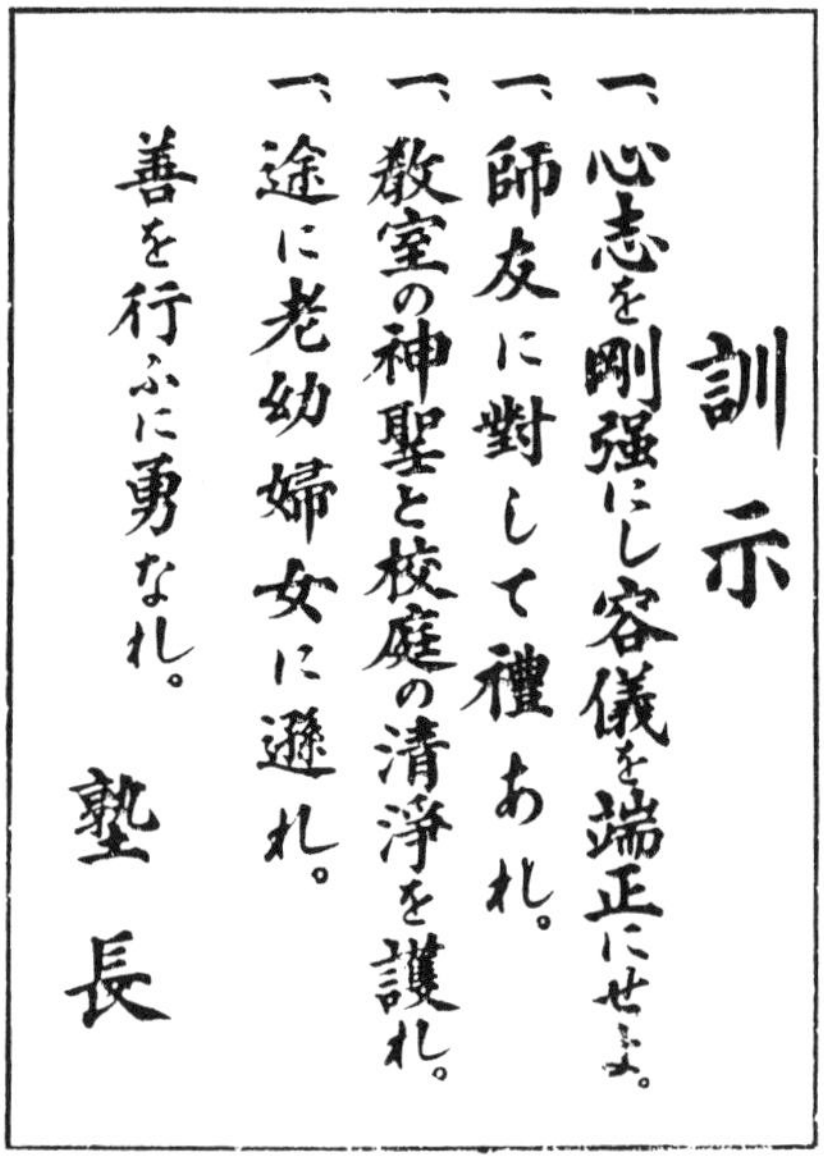

訓示

一、心志を剛強にし容儀を端正にせよ。

一、師友に對して禮あれ。

一、教室の神聖と校庭の清淨を護れ。

一、途に老幼婦女に遜れ。

善を行ふに勇なれ。

塾長

「徹底的戦勝」「塾生の武装準備」を塾長は強調したが、この訓示に戦時色が見えぬのは興味深い。塾生道徳化運動の一環で、これを各教室に掲示し、また小紙片に印刷して塾生に常に携帯させた。「塾の徽章」の簡潔な表現。

一〇月一一日　「塾長訓示」およびその「註解」、「学事上の改革要旨」(「塾生生活の道徳化及精神的肉体的訓練」「塾生の武装準備」)を大学評議会で承認

一〇月一四日　小泉、塾生の「居住心得」を訓示、全塾生に携帯させる

一〇月三〇日　教育勅語渙発五十年記念式挙行

一〇月　小泉、全学生生徒に「時局に際しての学生の本分」を七回講演、塾生道徳化運動

一一月一〇日　紀元二千六百年奉祝式挙行

一二月　一日　大学および高等部学生服装規程制定実施(制服、制帽、靴はすべて黒、外套は黒、濃紺または濃鼠色、えり巻やスプリングコートの着用禁止)

以前から三田新聞学会の学生が逮捕される例があったが、この年は一月と一一月の二回、大規模な検挙があった。大学新聞は時局の動向に批判的な多くの記事を掲載していたのである。この頃の左翼演劇の弾圧とも関係があったであろう。四二年頃からは三田警察の特高が常に編集部を監視するようになった。詳しくは白井ゼミ主催の座談会「戦中・戦後の『三田新聞』を語る」（『近代日本研究』一三巻、一九九六年）参照。

一九四一（昭和一六）年

一月一〇日　新塾歌制定

四月一日　海軍造兵中将谷村豊太郎、藤原工業大学工学部長に就任

六月一三日　「国防学」開講、伊藤正徳講師（この種の講義開講は慶大が最も早い）

〈国防研究会と天川勇〉

慶応義塾大学では、伊藤正徳（ジャーナリスト。軍事評論家）による「国防学」が一九四一年から開講されていたが、それよりも早く一九三〇～三一年頃から学生の間では日本の国防問題や軍事戦略などを研究する「国防研究会」が組織されていた。正式な発足は一九三二年で会長は新館正国教授。この「国防研究会」の人脈的な系譜を辿っていくと、単なる学生によるアマチュアの研究会とは趣を異にしていることが分かり、とりわけ海軍との関係が密接であった点で興味深い。

研究会の設立・活動の中心的役割を果たしたのは、戦後に軍事評論家として知られた

天川勇（文学部哲学科）であり、彼は予科在学中に「国防研究会」を設立すると、一九三四年に卒業した後慶大助手となり、三九年海軍省調査課嘱託として研究会の活動を支えた。この時期の海軍省では、官房調査課長・高木惣吉大佐（敗戦時、少将。戦後の著作に『私説太平洋戦記』などがある）が海軍に民間ブレーンを組織することを企図しており、天川は高木と民間の有識者の間の連絡も担っていた。その結果、思想懇談会・外交懇談会・政治懇談会・総合研究会・太平洋研究会・国防経済研究会からなるブレーン・トラストが一九四〇年に発足したが、慶應関係者だけを挙げてみても、加田哲二・武村忠雄・永田清といった教員のほかに、藤原銀次郎・藤山愛一郎・伊藤正徳が参画しており、その他にも、安倍能成・矢部貞治・清水幾太郎・田中耕太郎・中山伊知郎・本位田祥男など、戦後に活躍した面々が名前を連ねている。

　天川は一九四三年四月海軍大学校教授に就任、四五年三月には軍務局兼務、彼を媒介することで海軍のブレーン・トラストと密接な関係をもった「国防研究会」では、自ら主催する講演会において現役の将官たちを講師として招くだけでなく、自分たちの研究成果を機関誌『国防評論』でアピールするなど、学生主導による積極的な運営が展開されていたという。

七月　学生課を拡大強化し学生局とする

九月一五日　日吉の競技場で報国隊結成式（口絵写真参照）、小泉は隊長となって元住吉まで行軍

　九月一七日より学生は軍関係工場に出動

一二月八日　天皇、米英に宣戦布告

一二月九日　緒戦祝捷戦勝祈願大行進

一二月二六日　最初の繰上げ卒業式（大学および高等部）

一九四二（昭和一七）年

一月一二日　報国隊週番制実施

正門で教練服を着た塾生が衛兵をつとめ、また校内警備、巡察、服装注意、学生証検査などを行った。教授が週番司令となり、全塾生が交替でつとめる建前だが、反発もあった。日吉では一九日から実施。

日吉における報国隊週番

予科の生徒だが教練服を着て軍隊式の敬礼をし、2人1組で勤務。
（写真撮影：清川泰次）

二月一八日　シンガポール陥落祝賀会、祝賀行進
四月一八日　東京初空襲
六月　三田新聞創立二五周年記念事業の一つとして「戦歿塾員讃歌」発表、作詩戸沼得二、作曲早坂文雄

戦時下においても、慶応義塾では、大きな会や式にあわせて、いくつかの歌がつくられている。

「戦歿塾員讃歌」の他に、四三年一〇月に行われた文部省と学校報国団本部主催学徒出陣壮行会の後、塾生出陣壮行大音楽会が一一月一七日に三田の大講堂で開催され、その時に「塾生出陣壮行の歌」（作詞藤原伸二郎、作曲平尾貴四男）「塾生壮行会の歌」（作詞藤浦洸、作曲服部正）が発表された。

詞の内容は、勇壮さ、力強さ、戦功をたてよといった激励と、生命をかけて日本のために戦い、敵を倒すぞといった、当時の時勢が伝わっていたようなものであり、義塾のなかにあっても戦争の激流が渦まいていたことがうかがえる。一九四一年制定の塾歌も、この流れと無縁ではない。（長谷川）

六月一五日　三田新聞学会で戦歿報道塾員慰霊祭
七月一七日　高等部戦歿卒業者合同慰霊祭、大ホールにて
九月一一日　川田寿・定子夫妻検挙され「横浜事件」始まる

〈横浜事件の慶大関係者〉

特高警察によるでっちあげとすさまじい拷問で有名な横浜事件には、二人の慶大卒業生が巻き込まれた。

一九四二年、細川嘉六が『改造』九月号に書いた論文のために逮捕され、これは宴会の写真をもとにデッチ上げられた泊共産党再建事件に発展し、改造社、中央公論社、日本評論社、岩波書店、朝日新聞社などの多数の編集者が拷問にあって、仏文科卒業の和田喜太郎（中央公論社勤務）が獄死（拷問による死亡者は四名）。良心の最後の砦だった『中央公論』も『改造』も四四年廃刊となった。

また慶大卒業後ペンスィルヴェイニア大で学んだ川田寿は細川の友人で世界経済調査会主任だったが、夫婦で検挙され激しい拷問を加えられ、治安維持法違反で懲役二年、執行猶予三年の判決を受けた。戦後に慶大の経済学部教授となり、労働問題などを講じた。

一〇月　語学研究所設置、欧米語だけでなく大東亜共栄圏建設のため東亜の諸言語研究と教育を目的とする

一〇月二二日　小泉塾長長男信吉戦死

一〇月三〇日　学制頒布七十周年記念式および教育勅語奉読式

一〇月下旬　報国団結成、小泉団長となる（報国団は戦時体制強化のため大学および高等部の教職員学生一丸となって心身を修練する団体。学会、体育会、文化団体を吸収。その行動隊が報国隊）

一一月一〇日　鈴木正助手法学部葬
一二月八日　大東亜戦争一周年記念行事

一九四三（昭和一八）年

一月　小泉、私学を差別する大学院問題で文部省に見解表明
二月一一日　小泉、紀元節式典で塾生は先ず強き軍人たれと訓示
三月一八日　藤原銀次郎、内閣顧問に就任
四月五日　全塾生に断髪令布告
四月六日　東京六大学野球連盟、文部省より解散を命じられる（小泉は抗議をしていたが不成功）
四月八日　小泉、大詔奉戴日式典で大学の価値は出身者が真の愛国者、国家防衛者になることと訓示、この日から全塾生断髪、新予科生から禁酒禁煙
四月　予科の教練時間を週二時間から三時間に増加
新入生のために体練科新設
五月二二日　「青少年学徒に賜りたる勅語」奉読式、大学から幼稚舎までの教職員・塾生日吉に集合
六月五日　三田、日吉、四谷で山本五十六連合艦隊司令長官の国葬遥拝式
六月一二日　軍事特別研究会に塾生七〇名選ばれ毎週末研究会
六月二八日　報国団主催の生活規律強調週間始まる
六月三〇日　大講堂で塾生報国大会
七月　国策に添って慶応義塾亜細亜研究所開設、小泉所長となる。一〇月より『亜細亜研究』発刊、

中庭の防空壕掘り

1943年８月８日の写真で、場所は中庭の今の新図書館入口あたり。サイパン陥落で本土空襲が近いため、夏休みでも学生は大学で防空壕掘りを始めた。

一〇月に研究生室開設

七月　三田のキャンパス中庭で防空壕掘り

八月　上旬は修練を行う

八月　大学院制度特別研究生として文一名（西垣尭安）、経済二名（鈴木諒一、中鉢正美）、法一名（中村菊男）、医一〇名（坂口光洋など）選ばれる

文部省の官尊民卑を露骨に示したのが大学院問題。当初文部省は、国家目的に必要な研究員を五〇〇名選び帝大などの官立の大学院または研究科で徴兵猶予の特典と研究費を与え、二～五年間研究させる案をつくった。これに対し早慶の総長・塾長が激しく批判。文部省はやむなく私学では早慶のみに門戸を開いた。

九月　「国防論」、武村忠雄が担当

九月六日　日吉で学鷲（陸軍操縦、海軍飛行予備学生）歓送会
九月三〇日　経済学部の豊田四郎助手、東調布署に検挙される

『特高月報』（一九四三年九月号）には、「共産主義運動の状況」のなかに〝二、警視庁に於ける加藤定雄、鈴木庄三郎、松葉重庸外二名並に豊田四郎の検挙状況〟という節があり、「警視庁に在りては九月三〇日予て内偵中の事件を次の通検挙せり」「慶応大学経済学部助手豊田四郎（二八年）自宅其の他に於て学生に対し、マルクス経済学の啓蒙を為したる外満鉄内左翼分子とも関係ある模様」と記されている。豊田の回顧によると、〝一九四三年九月のある日の朝、私はトラック一台分の書物とともに、東調布署に拘引された。弟が夜明けに追浜に入隊してから、一時間後のことだった。この年の二月一日、日本軍はガダルカナル島から撤退し、十月二日には、学生、生徒の徴兵猶予の停止が行われた、私が「学徒出陣」のしらせを耳にしたのは、留置所のなかだった。それから一年後には、私は手錠をかけられたまま池袋駅のホームに立ったが、巣鴨拘置所の無情の塀がまるで迫るように見えた。疎開がはじまり、付近の高い家々が壊されていたためである〟豊田四郎「歳月の霧」、I組の仲間たち編集委員会編『I組の仲間たち』私家版、一九八五年、八八ペイジ。

一〇月　予科生禁煙
一〇月二日　「在学徴集延期臨時特例」公布、学生の徴兵猶予停止となる
　理系の学生は入営延期
一〇月八日　軍人援護講演会

早慶對抗野球は當分中止

早慶對抗野球試合は今回、早稲田側の事情により當分中止と決定した、母校の名のために戰ふ者應援する者一體となつて眞摯敢闘し天下を沸せた六大學リーグ戰は長く學生、一般人の士氣の昂揚に貢獻して來たが、去る四月の決戰下學徒體育要綱に基き解消を遂げこの春に一沫の寂しさを投じてゐた併し世界に名だたる早慶戰だけは天下の範として兩大學生の誇りとして對抗試合を行ふことが齊しく要望されてゐたのに鑑み、義塾では淺井體育會理事平井野球部長以下が百方奔走し鋭意努力した結果、相當具體化し、眞に決戰下學徒體育にふさわしい企畫の下に今月末には實現される運びとなつたが、前記理由で當分中止となつたものである、併し野球試合が禁ぜられたのでなくむしろその眞價は過日の體育會行軍大會に國防競技にまさる成果を收めたことに裏付られてゐるので、事情の許す限り兩校相見える筈である、右に關し平井部長は左の如く語つた〃私は學徒野球が、今日特に必要な戰意の强化、士氣の昂揚に役立つものと堅く信じてをり、この信念の下に義塾はどこまでも學徒野球を續けたいと思ひます、若し早稲田側の事情が許すやうになりましたならいつでもやる積りです〃

『三田新聞』18. 5 .25

一〇月一六日　出陣学徒壮行早慶野球戦

野球はアメリカのスポーツだと軍ににらまれ、六大学はストライクを「本球」、ボールを「外球」、アウトを「倒退」、セーフを「占塁」と言うなど英語追放を考えたが、四月六日リーグ戦は禁止されてしまった。しかし対校戦はできたので、「学徒出陣」の最後の思い出に早慶戦を、と学生が熱望し、平井新野球部長が早大側に交渉、渋る早大当局を動かして戸塚球場で早慶戦が実現。

試合は早大の圧勝に終わったが、終了後両校の校歌、応援歌が歌われ、やがて「海行かば」の大合唱が球場を包んだ。その感動を胸に両校ナインは戦場へ行き、早大の三人が戦死。

戦後は映画にもなったこの早慶戦を小泉塾長発案と書いている本もあるが、これは慶大野球部員の願いが実ったものである。

一〇月二一日　神宮外苑競技場で出陣学徒壮行会（口絵写真参照）

文部省及び学校報国団本部主催の学徒壮行会は秋雨の競技場（現国立霞ヶ丘競技場）で催された。この日場内は「出陣」学徒推定二万五千、送別学徒六万五千、それに教職員、家族を加え、凡そ一〇万の人であったという。

入場行進は午前九時二〇分、東京帝大を先頭に官公立学校から始まり、創立順の為、私立学校の先頭は慶大だった。廣田廣は、慶応大学の大集団が入場してくると、スタンドの女子学生が一斉に列を乱して駆け降りてきたと回想している。（『検証・陸軍学徒兵の資料』一四ペイジ）

この日在学生代表として壮行の辞を述べたのが医学部二年の奥井津二（しんじ）であった。壮行の辞は直前まで経済学部一年の宮沢晃（あきら）が予定されていたが、宮沢の兄（北大生）が「レーン・宮沢事件」でスパイとされ受刑中であったため、急に奥井に変更となり、奥井は二、三日でそれを書き上げたという。

様々な思いが積もるこの地には、「学徒出陣」五〇年目の九三年、元学徒兵有志によって記念碑が建てられた。有志の中心には塚越雅則など塾員も多く、碑除幕式の挨拶を塾員渡辺槙夫が述べた。

（岡田）

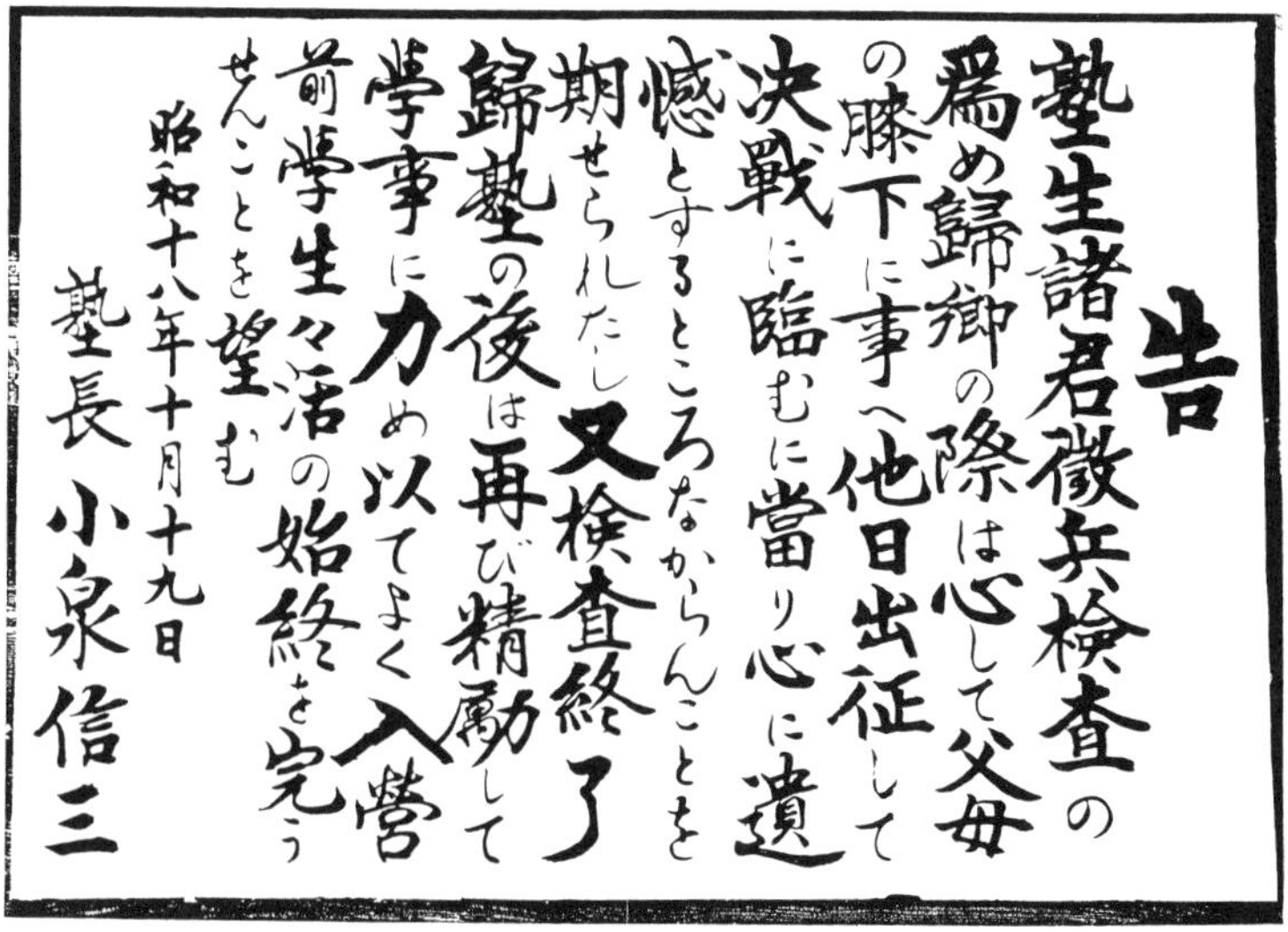
告
塾生諸君徴兵検査の爲め歸郷の際は心して父母の膝下に事へ他日出征して決戦に臨むに當り心に遺憾とするところなからんことを期せられたし　又検査終了歸塾の後は再び精勵して學事に力め以てよく入營前學生々活の始終を完うせんことを望む
昭和十八年十月十九日
塾長　小泉信三

「出陣」学生への塾長訓示

突然徴兵猶予の特権を停止されて、満20歳を越える学生は徴兵検査を受けるため故郷に戻り、終わってまた登校した。小泉塾長は訓示を掲げ、学生はそれにこたえて講義に出席する学生は平常より多かったという。授業のない時は友人と中庭の芝生に腰を下し、戦争の前途、国の将来、自己の生死など語りあった。当時の学生の読書量は今日の学生よりも遥かに多く、特に哲学・宗教などの書がよく読まれたようである。

一〇月二五日　臨時徴兵検査（一一月五日まで）

一一月一〇日　『三田新聞』「出陣」特集（この特集号について、詳しくは白井厚「戦争体験から何を学ぶか」『大学とアジア太平洋戦争』所収、および「〈座談会〉戦中・戦後の『三田新聞』を語る」『近代日本研究』一九九七年を参照）

一一月一七日　報国団生活科主催で塾生出陣壮行大音楽会、「塾生出陣壮行の歌」（藤原伸二郎作詞、平尾貴四男作曲）「塾生壮行会の歌」（藤浦洸作詞、服部正作曲）発表

一一月一八日　医学部戦歿軍医追悼慰霊祭

一一月一九日　日吉で全予科生を集めて出

三田新聞

祝塾生諸君出陣　林毅陸

征け、諸君　小泉信三

希くは武運長久を　小林澄兄

良き隊長としての責任を果せ　野村兼太郎

征かんとする慶應義塾學徒　高橋誠一郎

諸君の御健闘を祈る

陣学生五〇〇名の壮行会、続いて体育祭

一一月二〇日　義塾関係戦歿者合同慰霊祭、大ホールにて

一一月二三日　塾生出陣壮行会、大ホールにて　のち学生は福沢の墓へ

一一月二五日　『三田新聞』に丸山真男の福沢論掲載される（これについては、白井厚「丸山真男の福沢論と『三田新聞』」『三田評論』九七年四月号参照）

一二月一日　学徒兵入営（陸軍）

一二月一〇日　学徒兵入団（海軍）

一九四四（昭和一九）年

一月一〇日　学生局主催で朝鮮・台湾出身塾生壮行会、万来舎にて。小泉塾長、奥井学生局主事が訓示

一月一八日　評議員会、非常措置委員会設置決定
一月　　　　名誉教授制制定、川合貞一名誉教授に
一月二五日　亜細亜研究所研究生三四名決定
二月二五〜二六日　小泉、静岡県に勤労動員中の塾生三〇〇名の作業を視察
三月九日　特設防護団を改組し宿直についての非常処置を規定
三月一〇日　海軍軍令部第三部が日吉の校舎に入り、以後地下壕掘削開始

〝朝鮮・台湾出身学生も…「特別志願兵」という形で戦場に駆り出された。…強制に近いものであった。…当時は慶応大学に在学し、学徒兵として出陣した学生に、後に高麗大学総長となる金俊燁氏がいる。金氏は…「学徒兵として中国戦線にさえ行ければ、日本軍を脱出し、憧れの独立軍臨時政府に加われる絶好のチャンスとなるだろうと判断した。」…実際に金氏は日本軍を脱出し、中国の遊撃隊や光復軍の一員として抗日闘争に参加した。〟橋本隆祐「朝鮮出身学生の苦悩と大学」（白井厚編『大学とアジア太平洋戦争』所収）当時大学と予科には四六名の朝鮮出身者、二三名の台湾出身者がいた。

東横線日吉駅前に開ける銀杏並木は、四季を通じて美しい。そこを行き交う学生たちの笑顔は、さらに明るく美しい。この緑濃い慶応義塾大学日吉キャンパスの一部が、太平洋戦争末期、海軍の施設として使用され、その地下深くには、長さ二・六キロにも及ぶ巨大な地下壕が築かれ、しかもそれがそのまま眠っている等と、誰が想像できようか。

学生の姿まばらなキャンパスは、海軍軍令部、人事局、連合艦隊司令部として使用され、レイテ戦・沖縄戦の作戦も、特攻隊や戦艦大和の出撃命令も、全て、この地下壕から発令された。日吉キャンパスの極秘地下壕は貴重な戦争遺跡なので、これを保存しようと日吉台地下壕保存の会が現在活動している。
（亀岡）

三月三一日　高橋誠一郎ら一七教授退職、名誉教授に祭り上げたといわれる
三月　この頃、大学の建物防衛について小泉塾長と野村兼太郎経済学部長が論争
四月　徳富蘇峰、『原論報国』で福沢の個人主義を批判
商工学校、商業学校の生徒募集を停止し工業学校を開設
臨床医の短期養成のため大学付属医学専門学校開設
獣医畜産専門学校開設
五月一〇日　『三田新聞』戦中の最終号。紙上で小泉、徳富蘇峰に反論

長い歴史を持つ学校に相応しく、慶応義塾には戦前からの塾内定期刊行物がいくつもある。これらの定期刊行物も、戦争末期には用紙難、印刷難及び執筆難の為休刊を余儀なくされた。また、上記の困難により発刊が遅延したことを理由に、関係官庁に廃刊を命じられたケースもあったようである。以下、代表的な五誌（紙）について、休刊、復刊状況を調べてみた。
◎『三田評論』（一九一五年一月創刊。前身『慶応義塾学報』は一八九八年三月創刊）

一九四三年一〇・一一月合併号を最後に休刊。四六年一〇号で復刊。
以降六〇年末まで不定期刊行。

◎『三田学会雑誌』（一九〇九年一月創刊）
一九四四年八月号を最後に休刊。四六年七月に復刊

◎『三田文学』（一九一〇年五月創刊）
一九四四年一〇・一一月合併号で休刊。一九四六年一月号が戦後最初の号である。

◎『三田新聞』（一九一七年七月創刊。東洋最古の大学学生新聞）
一九四四年五月一〇日号を最後に休刊。四六年五月二五日号が戦後最初の号である。

◎『法学研究』（一九二二年四月創刊）
一九四一年四月号を最後に休刊。五七年八月号で復刊。

その他『史学』は一九四四年一一月一日、『哲学』は六月一五日で戦時休刊。『三田政治学会誌』が四三年一月二一日、『慶応義塾総覧』は一九四二年末で休刊となった。

（徳丸）

八月一日　幼稚舎を海軍技術研究所に貸与
八月二日　飛行予備学生入隊者壮行式
八月五日　藤原工業大学の寄付により工学部増設
八月二三日　「学徒勤労令」、「女子挺身隊勤労例」公布
八月二五日　幼稚舎生、伊豆修善寺町へ疎開

夏頃から重要な資料や図書を山梨県、新潟県、長野県等に疎開

九月二九日　連合艦隊司令部日吉へ移動

一〇月二八日　小泉、小磯内閣の内閣顧問となる

一一月一日　白金台町の藤山工業図書館を海軍省法務局に提供。地下室は牢獄となる

一二月一六日　在郷軍人慶応義塾分会発表会

一二月二三日　この日限りで授業停止

慶大に女子学生はいなかったが、白井ゼミでは日吉の学生局でこの頃働いていた宮部晴子、三田の消費組合で働いていた織井茂子の談話を記録し、白井ゼミ編者『慶応義塾消費組合史』に収録している。織井は戦後「君の名は」で一世を風靡した歌手。当時は挺身隊逃れで組合に来て物資不足の学生にノートやゲートルを供給していた。教員食堂も手伝い、小泉塾長に頼まれて歌ったこともあるという。

一九四五（昭和二〇）年

三月一〇日　B29、東京大空襲

三月一八日　「決戦教育措置要項」閣議決定、全学徒を生産、国防に動員

三月三一日　教職員羅災者収容のため三田に家屋を借用

四月　医学専門部に医師短期養成機関付設

産婆養成所を廃し、医学部付属看護婦産婆養成所をつくる

戦時中の『三田新聞』発行状況

号	日　付	トップ記事、トップ論文、特集
517	43. 1. 1	捷春特集　**特集**：万葉の探究　**特集**：西洋の包容
518	欠	
519	欠	
号外	1. 27	労働力の人格性と国家性（土屋　清）
520	2. 10	産業行政統一化と重点生産（今村武雄）
521	2. 25	勤労根本法の精神（森戸辰男）
※522	3. 10	江戸時代労働者群の性格―我が国賃金労働者の発生―（野村兼太郎） **特集**：作家論の解明　**特集**：農工両政策を貫く基本問題
※523	3. 25	義務教育の実質的向上、学事振興資金に百万円
※524	4. 10	実践的精神力の活用―日本経済の個性と五重点産業―（金子鷹之助）
※525	4. 25	転換期に於ける法律社会学研究の必要（峯村光郎）　**特集：世界危局の核心** **特集**：読書
526	5. 10	財政学研究の出発点（高木寿一）　昭和17年度三田新聞総索引
527	5. 25	価格統制の転換と課題（山城　章）　**特集**：近代文学に於けるインテリの創造精神　**特集**：南の医学　**特集**：南方経済の分析
※528	6. 10	現下・戦争法の実体（前原光雄）　**特集**：日本美学生成の理念
529	6. 25	経済秩序維持法への要望（常盤敏太）　**特集**：現下中立国の動向
530	7. 10	原価単位計算の意義（小高泰雄）　**特集**：義塾戦時模様
531	7. 25	労働科学と民族科学（後藤　清）
※532	8. 10	統制経済と戦争経済（高田保馬）
533	9. 10	義塾、画期的学事改革　**特集**：塾生夏の成果
※534	9. 25	此の日あるのみ、卒業式告示（小泉信三）
※535	10. 25	決戦下・学事振興への巨弾、義塾研究陣の福音、第一回学事振興資金発動さる　**特集**：全慶応文筆コンクール入選作品発表　**特集**：軍人援護精神と義塾
※536	11. 10	**「学徒出陣」特集　出陣特集**：軍陣医学　**出陣特集**：大東亜の言語事情
※537	11. 25	大学、完成への課題―法文系大学とその学問（加田哲二） **出陣特集**：戦陣に学徒は如何なる書を携行すべきか
538	12. 10	戦場につづく塾生の分列行進、大詔奉戴日の行事
539	44. 1. 1	**東亜共栄圏随筆特集**
540	1. 10	医専農専を新設、此の四月より授業を開始　**特集**：勝利への布陣
541	1. 25	塾務の緊急処理を期し、非常措置委員会を設置
542	2. 10	大学高専の整理統合の結果　高等部募集停止に決す
543	2. 25	学徒精兵主義へ邁進、軍事教育の決戦体制強化　**特集**：明治精神の光芒 **特集**：勤労出動の反省
544	3. 10	決勝政治の新段階―国政運営と国民的熱意（坂本寿一）　**特集**：義塾案内
545	4. 10	最後の文学書―その後の出版界に―（福原麟太郎）　**特集**：義塾にのぞむ
546	5. 10	徳富蘇峯氏の福沢先生評論に就いて（小泉信三）

※印は「縮刷版」では欠号で新たに補充されたもの
（白井厚など「戦中・戦後の『三田新聞』を語る」『近代日本研究』13巻、1996年、148ペイジ。）

四月一五日　日吉地区戦災、工学部焼失

五月　今の研究棟入口付近にあった消費組合の木造の売店を、防空措置で取り壊す。ほかに旧福沢邸も。組合は教室の一部で供給を継続

五月一日　海軍艦政本部の要請により工学部機械工学科の工作機械、器具、工具などを海軍に貸与

五月二四日　空襲により医学部施設の六割焼失

五月二五日　空襲により三田地区施設の五割以上焼失（大講堂、教職員クラブ、医務室、商工、普通部、亜細亜研究所、図書館の一部など）

七月一日　小泉、大火傷

戦時教育令などにより学徒隊規定制定

戦争終結に影響を与えた塾員に、小島清文（一八年経済卒）がいる。彼は海軍の通信士として戦艦大和に乗り組んでレイテ沖海戦に参加、陸戦隊に廻されてフィリピンの山岳戦で米軍に投降しハワイで米軍将校たちと「ポツダム宣言」受諾を呼びかけるビラを作成。これはB29から日本に散布された。内大臣木戸幸一はこれらのビラを見て全国に混乱が起こることを恐れ天皇に報告、「宣言」受諾に至った。彼は戦争の体験から不戦兵士の会をつくり語り部活動を続けている。（永沢道雄『「不戦兵士」小島清文』朝日ソノラマ、一九九五年参照）

八月一五日　敗戦。三田キャンパスの教職員や少数の学生は塾監局前に集まって天皇の放送を聞く

九月八日　アメリカ軍により日吉のキャンパス接収される

戦争に敗れると、すぐさま日吉キャンパスは、軍事的・戦略的見地からアメリカ軍に接収された。日吉の町もアメリカ軍の影響を強く受け、大きく様変わりした。義塾は日吉キャンパスを四九年一〇月まで利用することはできず、戦後になっても苦難を強いられた。

こうしたことからも、慶大は戦争によって現在から想像できないほどの人的物的被害を長い期間にわたって受けたことが分かる。太平洋戦争における最大の戦災校であるということも十分理解できよう。

しかし今日、当時のおもかげを残すものは日吉の地下壕くらいしかなく、戦争という現実は、忘れられようとしている。

（平沼）

九月二三日　三田の三一番教室で形ばかりの卒業式、卒業証書がないので引換券発行

九月　高等部廃止

一〇月一日　獣医畜産専門学校、川崎市蟹ヶ谷の海軍通信隊跡地へ

一〇月八日　工学部、目黒区三田の海軍技術研究所跡地へ

一〇月　医学部、工学部予科、法学部予科一年、登戸の陸軍技術研究所跡地へ

文・経済・法学部（一年を除く）予科、三田で授業再開

一一月一八日　戦後初の早慶野球試合

外地から引揚者転入学始まる

アメリカ占領軍により三田第一校舎の一部接収

一二月一日　小泉退院し、「塾生諸君に告ぐ」を塾内に告示

〝去る五月二十五日の空襲に負傷して以来、私は半歳の久しきに渉り亙り病院生活を続けていましたが、病漸くにして癒え、今日退院帰宅いたしました。しかしなお静養を要するので、いま暫くは諸君と講堂において相見ることは出来ません。由って取り敢えず紙上において諸君に御挨拶申します。……

吾々国民は、日々死を目前にして苦しき戦いを続けていましたが、戦敗れて今は平和国家建設の難路を喘ぎつつ歩んでいます。しかしこの間において日本の学生諸君が、寸毫の遺憾なく国民の義務を尽されたことについては、誰れ一人これを争うものはありません。学生の大なる部分は国家の危急に応じて農工業の勤労に出動し、他の大なる部分は直ちに武器を執って戦場に立ちました。そうしてその中の少なからぬ人々は終に還らず、終戦後の今日も復た相見ることの出来ない人々となりました。戦は敗れましたが、そうして今吾々は戦うべからざるに戦ったという悔恨に心を噛まれておりますが、しかし国家のために身を捧げた人々の—殊に若い人々の—忠誠はこれを忘れてはなりません。…吾々は学ばざるがために敗れ、学ばざるがために戦うべからざるに戦いました。国民は肝に銘じてこの事を記憶しなければなりません。……〟

（小泉塾長の告示の一部）

一九四六（昭和二一）年

一月一日　『三田文学』復刊

二月　図書館書庫の屋根改修

三月一三日　アメリカ占領軍接収中の日吉赤屋根食堂焼失

三月　　亜細亜研究所廃止
四月　　大学が男女共学制になる
四月五日　　小泉塾長重任、高橋誠一郎塾長代理となる
五月一五日　　学生生活協同組合誕生
五月二五日　　『三田新聞』復刊
五月二九日　　工学部、溝ノ口仮校舎へ移転
六月三日　　文科系予科、三ノ橋仮校舎へ移転
六月中旬　　大学学部教員適格審査委員会設置
七月一日　　『三田学会雑誌』復刊
一〇月　　総司令部の勧告により新聞研究所設立、『慶應ジャーナル』創刊

戦没者にとっての戦後――

〈二五年目の卒業式〉

〝戦死しました〟、壇上で卒業生の名が呼ばれると、時折友人がそう答える。ああ彼も…と会場の五〇歳近い人たちは目を伏せた。昭和一九年卒業生の、二五年目の卒業式である。

彼らは「学徒出陣」組。「仮卒業」という形で多数が軍隊に入り、一九年九月の卒業式には出席できなかった。慶大は二五年目の卒業生を卒業式に招くので一九六九年彼らは大学（日吉）に招待され、オレたちにも卒業式を、という願いがかなって式後熟年の塾員三五〇名は三田へ移動、異例の卒業式を行なった。

二五年間大学の金庫に眠っていた卒業証書を塾長から渡され嬉しそうな様子は広くマスコミでも報道されたが、戦争の傷跡は彼らの心に深く残っていた。一一九人もの同期生が、戦没したのである。（白井ゼミ調査）

〈戦没塾員慰霊の青年像〉

三田のキャンパスで塾監局前の小公園内にたつ青年像—「平和来」（朝倉文夫氏作）は、戦没塾員の霊を慰めるため、一九三二年卒業生有志より卒業二五年記念として塾に寄贈されたものである。台座には小泉信三元塾長による「丘の上の平和な日々に征きて還らぬ人々を思ふ」という碑文が刻まれてある。

一九七五年一二月一日の除幕式で小泉が「このたび台石に何か言葉を書くようにと依頼されたとき、自分はその任ではないと断わったが、考えてみれば、この三田山上から学徒が出陣したのは、私の塾長時代であったので、思いかえしてこの拙い言葉を刻ませてもらった」と挨拶した。

（銭）

〈図書館地下の「わだつみ像」〉

三田の新図書館地下一階の階段脇に、一九八九年卒業生横山正二（昭和一〇年経済）から寄贈された戦没学生紀念像がある。高さ七七cm、本郷新作、『きけ わだつみのこえ』刊行を記念してつくられ立命館大学などにもある有名な像のオリジナル（発想源）で、台座の銘板には「なげけるか いかれるか はたもだせるか きけ はてしなきわだつみのこえ」という文字が刻まれている。現在、この言葉の意味を改めて考えたい。

（小野）

〈「還らざる学友の碑」〉

一九九八年一一月七日、三田キャンパスでは「還らざる学友の碑」の除幕式が行われた。戦後五三年目になって、除幕式が行われ、千人以上の遺族や卒業生が参集した。碑には、〝還らざる友よ　君の志は　われらが胸に生き　君の足音は　われらが学び舎に　響き続けている〟と記されており、台座には、「還らざる学友の碑　この碑は今次大戦において　志半ばにして逝った学友を偲び　慶応義塾が建立する　平成十年十一月　慶応義塾長　鳥居泰彦」とある。この碑について、詳しくは白井ゼミ機関誌『創世』27号（一九九九年）の特集を参照。

「還らざる学友の碑」除幕式にて

われわれの「慶應義塾関係戦没者名簿」がほぼ出来上ったころ、「学徒出陣」世代の大先輩が塾長に面会して戦没者記念の問題について協議、慶応義塾はこの碑を三田キャンパスの塾監局前に建立した。1998年11月7日の除幕式には千名以上の卒業生や戦没者の遺族らが集まって献花。式の挨拶において鳥居塾長は『きけわだつみのこえ』に「遺書」と「所感」が収録されている上原良司の自由主義を慶応義塾の伝統を表すものとして称揚したので、長野県から招いた妹の上原清子さん、上原登志江さんを塾長に紹介。その時のスナップが、上の写真である。上原家には3人の兄がいて慶大で学び（良春と竜男は医学部、良司は経済学部）、3人とも戦死した。

（写真撮影：浅羽久美子）

第四章　アンケート調査結果

解説

共同研究の中心はアンケート調査なので、以下に若干の解説を加える。回答は膨大な量となり、文字回答をすべてここで発表することは不可能なので、集計結果と文字回答の一部のみ記し、残りは次の機会に発表する。

調査対象

太平洋戦争中に大学・予科・高等部に在学し、現住所が判明している卒業生。シベリア抑留などによって帰国―復学―卒業が遅れた人もいるので、昭和一七〜二四年卒業生七五〇〇名にアンケートを発送した。

調査項目

「太平洋戦争について当時の学生はどのように考えていたのか」「当時の学生生活はどんなだったのか」「軍隊生活はどんなだったのか」という三点を柱にして、学生と討論して問いをつくった。現代の学生が知りたいと思う内容である。

発送

慶大の塾員課から卒業生の氏名・住所のラベルを提供してもらい、卒業年順に一九九一年に発送を開始した。その際、白井の依頼状、学生代表の挨拶文、戦時の年表、既成の戦没者名簿、中間報告などを同封した。依頼状は次のようなものである。

『太平洋戦争と慶応義塾』についてのアンケートに御協力お願い

小生は経済学部において社会思想史を専攻する者ですが、現在私のゼミナールでは、「太平洋戦争と慶応義塾」をテーマに共同研究を進めております。これは、一九八八年度の共同研究「慶応義塾消費組合史」に次ぐ研究で、同封の御案内にある『慶応義塾消費組合史』のように、今回の研究も成果が挙がれば出版して広く公表したいと考えております。

このテーマを決めた理由を簡単に説明しますと、

a. 開戦後半世紀になり、あの戦争の意味、実態、経験などを、特に若い世代が深く学ぶべき時である。

b. 戦争体験を持つ人の数は減少し、貴重な資料は失われつつあり、今その収集と保存を計らなければ悔いを後世に残すことになる。

c. 慶応義塾は二〇〇八年には大部の『百五十年史』を刊行するであろうが、戦時中の情報は少ないのでわれわれの共同研究を役立てたい。

という事であります。

われわれは、研究対象を〝太平洋戦争開戦から敗戦に至る四年間、大学および高等部を中心とした慶応義塾における学生と教職員の生活と意識（キャンパスでの体験および入営・出征後の体験）〟に絞りました。そして書物や資料を勉強し、塾長や当時の教職員で貴重な体験を持たれる方に直接お話を伺っております。また塾の協力を得て大規模なアンケート調査が可能になりましたので、太平洋戦争中に学生であり現在塾員課や三田会で住所が確認できる方全員にこのようなお問い合わせを出すことと致しました。このアンケートによって初めて明らかになる事実は研究にとって極めて有意義と存じますので、お手数をかけて恐縮ながら、ぜひ御返事賜るようにお願い申し上げます。

回　答

一六八一名。移転先不明による回送や死亡通知もあり、回答率は二一・四％程度だが熱心な記述が多く、極めて良質な回答である。

回答がない場合には督促状を出せば回答数は増えるが、資金がなく不可能であった。

記　名

用紙の最初に、氏名、電話番号、生年月日、出身都道府県、入学と卒業の年月、研究会また特に指導を受けた教授名、入学前の学校、学生時代の所属団体、主な職歴、軍歴などを記入してもらった。従って発表の際はプライヴァシィを守るが、疑問などを電話で尋ねることが可能であった。

アンケート本文

質問は次のようなものである。

◎　以下の質問で、回答の例示があるものは、御自分のお考えに最も近い回答を一つだけ選んで、その数字を丸で囲んで下さい。「その他」を選んだ場合には適当な語を書いて下さい。

☆　太平洋戦争について

1．学生時代には、太平洋戦争についてどのように考えていましたか？

a．アジア解放の聖戦（正義の戦い）　b．自衛のためやむをえぬ戦い
c．勝てるはずのない戦い　d．帝国主義戦争　e．その他

太平洋戦争についての考えと日中戦争についての考えが違っていた場合は、それについて簡単に御説明下さい。

2．真珠湾攻撃の報を聞いて、どのように感じましたか？

a．大感激だった　b．半信半疑だった　c．とんでもないことになったと思った
d．不意打ちは良くないと思った　e．その他

洋学と自由主義の伝統を持つ慶応の塾生として、米英と戦うことに何か矛盾を感じた方は、それについて御説明下さい。

3．学生時代には、大東亜共栄圏の理想についてどのように思っていましたか？

a．立派な理想だ　b．目的は良いが実現不可能
c．日本にとっては良いが他のアジア人には迷惑　d．うわべだけの理想
e．日本帝国主義の野望　f．その他

4．学生時代には、天皇についてどう思っていましたか？

a．畏敬　b．尊敬　c．親しみ　d．無関心　e．反感　f．その他

5．学生時代には、天皇は神だと信じていましたか？

a．神だと信じていた　b．多少疑問を持っていた　c．かなり疑問を持っていた
d．人間だと思っていた　e．その他

6．大本営発表を信用していましたか？（卒業までの時点でお考え下さい）

a．正しいと思っていた　b．誇張があると思っていた

c．だんだん信用出来なくなった　d．虚偽だと思っていた　e．その他

7．開戦時には、アメリカとイギリスについてどのように思っていましたか？

a．鬼畜米英と思っていた　b．恐怖を感じていた　c．裏切られたと思った

d．よく知らなかった　e．好感を持っていた　f．自由主義国として尊重していた

g．その他

8．開戦時には、ドイツとイタリアについてどのように思っていましたか？

a．尊敬していた　b．信頼できる仲間だと思っていた　c．よく知らなかった

d．本当は信用できないと思っていた　e．ナチズムに脅威を感じていた

f．その他

9．昭和20年8月15日、どこで何をしていましたか？

10．敗戦の報を聞いて、どのように思いましたか？

a．敗戦を信じられなかった　b．失望落胆した　c．自決しようと思った

d．何も考えられなかった　e．助かったと思った　f．当然の結果だと思った

g．その他

11．戦争協力の責任上戦後数人の教授が塾を去りました。このことについて特に御意見があればお書き下さい。

☆　学生生活について

12．女性との交際はありましたか？

a．まったくなかった　b．ほとんどなかった

c．あった（相手は、女子大生　近所の知り合い　店で働く女性　親戚　芸者　その他）

13. 学生時代の主な娯楽は何ですか？（全部の中から三つまで丸で囲んでください）

スポーツ（野球　テニス　サッカー　ラグビー　柔道　剣道　相撲　登山　スキー　空手　スケート　その他　　　）

スポーツ観戦(野球　テニス　サッカー　ラグビー　柔道　剣道　相撲　その他　　　）

映画　新劇　歌舞伎　新派　寄席　宝塚歌劇　オペラ　音楽鑑賞　音楽演奏　シャンソン　邦楽　読書

旅行　トランプ　ビリヤード　マージャン　碁　将棋　ダンス　その他(　　　　　）

14. アルバイトをしましたか？　した方は、その理由、職種、期間などを書いてください。

15. 太平洋戦争開始後の授業について、特に印象的な変化があれば記して下さい。

16. 教練、防空演習、報国団、服装取締、その他の戦時態勢についてどう思いましたか？

a．積極的に協力した　b．戦時だからやむをえぬと思った

c．あまり協力しなかった　d．逃避した　e．抵抗した　f．その他

17. 当時の塾内における左右の学生運動について、何かご存じのことがあれば書いて下さい。

18. 戦争に関連して特に記憶に残る教授の講義、言動、書物、講演、友人など、自由に書いて下さい。

教授の発言・行動――

友人の発言・行動――

書物や講演の影響――

19. 言論抑圧、大学の自治侵害（講義内容にたいする干渉など)、学問の自由の侵害（図書館における禁書、卒業論文のテーマ変更指示など)、警察の動きなど、気付いた点がありましたか？

20. 勤労動員に行かれた方は、場所、期間、仕事内容などをお書き下さい。

☆　軍隊生活について

21. 幹部候補生などに志願した方で特別に理由がある場合、および軍隊に行かなかった方は、その理由を書いて下さい。

22. 軍隊での勤務について書いて下さい。(21､22､23、は軍隊に行った方への質問です。)

a．主に　①　内地勤務　②　外地勤務（中国、フィリッピン、インドネシア、ビルマ、その他　　　）

b．主に　①　前線勤務　②　後方勤務　③　特攻隊

c．勤務内容(　　　　　　　　　　　　　　　　　　　　　　　　　　　　　　　)

23. 慶応の出身ということでどのように待遇されましたか？

a．厚遇された　b．普通　c．冷遇された　d．迫害された

a．c．d．の場合、理由は何ですか？

24. 軍隊生活の体験のうち、特に今の学生に知ってもらいたいことがあれば自由に書いて下さい。

25. 太平洋戦争の期間を通じて、肉体的、精神的に被害をお受けになった点につき書いて下さい。(教練や空襲や出征による怪我、り災、近親の不幸、官憲による取締、学問の中断、異常な青春時代の問題など)

26. 戦時中の学生生活や軍隊生活についてすでにお書きになっているものがあれば、その著者名（匿名や連名の場合)、タイトル、掲載誌名、掲載年月、号などを書いて下さい。できればそのコピィを送って下さい。それによって、『太平洋戦争体験記録文リスト』を作成します。

◎　以上、回答の例示があるものは、集計の必要上13を除いて一つだけを選んで丸で囲むようお願いします。「その他」を選んだ場合は、適当な語を書いて下さい。

反響

たちまち大きな反響が現れた。二六問もあるアンケートにはたしてどれだけ答えてもらえるか危ぶんだが、たくさんの回答のほかに手紙を同封された方が実に多い。さまざまな手紙のなかから一例を紹介すると、

今回のご研究は、まことに時宜を得た有意義なものと敬服申し上げます。

実は私どもの世代のものは、敗戦後復員してみると、日本のすべてが極端な自己嫌悪に陥らされて、私どもの戦場に赴いたこと自体罪悪視されるが如き風潮に慨嘆したものでした。

当時のベストセラー『きけわだつみのこえ』を読んだ私の感想は、一面共鳴しながらも多くの不満を残すものでした。あの本に登場する学徒戦士よりももっと多くの学徒出陣者が、素朴な純真な心境のまま進んで祖国の難に殉じていったのであります。これらの人々について論ぜられることが少ないのが残念だったのであります。

戦後五〇年を経て、戦争それ自体に対する考察、反省は尽くされましたが、戦争に参加した（せざるを得なかった）国民の側についての研究、特に社会の指導的地位にあった当時の学卒、学徒の幅広い意識を考える研究がなされて然るべきと考えております。

戦争酣の時、一緒に三田の門を出、帰らぬ人となった多数の学友を想い、彼らの短い生涯を意義あるものにしたいと念ずる次第です……。

（昭和一七年経済学部卒業生油田和次氏より）


これに近い内容の手紙が多いが、双手を挙げて賛成して下さる方からかなり批判的な方まで相当な幅がある。

A．賛成の例

……「学徒出陣者の記録と伝承」と戦没者の「慰霊」は私たち生存者の使命と責務だと存じます。三田で学びこよなく塾を愛した学徒出陣者は遥か遠い戦地にあっても塾への思いを心中深く抱き続けていました。私たちは白井教授研究会の共同研究「太平洋戦争と慶応義塾」のお話を承った時正に心が晴れる思いがしました。まして戦没者の方々の思いは…………、その悦びは…………。

（昭和二一年経済学部卒業生松本武彦氏より）

B．批判の例

批判の点を示すと、

・過去の時点でどう考えていたのかを今記すことは難しい。
・当時の心境はマルバツ式で答えるような簡単なものではない。
・設問がいささか機械的であり、意のあるところを適切に伝えられない。
・当時の状況を考えれば、設問はあまりに第三者的で当時の塾生の心情とは隔たりがありすぎる。
・戦後民主主義の悪影響を受けた企画である。
・暗い抑圧された時代と決めつけ、学生は傍観者或いは批判者であるべきだと設定されているようだが、戦争である以上国のために闘うのは当然である。
・負けると知りつつ命を捨てて戦った気持は、戦後の人々には分かってもらえない。
・亡くなった英霊を侮辱するようなことがあってはならぬ。
・このアンケートを反戦のために利用するのなら書かない。

確かにこの共同研究には、若干の困難がある。その第一は、戦争について最も深刻な体験をされたのは戦没者であるのに、われわれはその方々からお話を伺うすべをもたないということである。クラスの二割は戦死しました、というような話を聞くたびに、われわれの心は痛む。生き残った友人、戦没者と同じような体験をされた方々のお話しを通じてでも声なき声に耳を傾け、その霊を慰めたいと思う。

第二は、五〇年前の考えをどこまで再現できるかという問題で、戦後の激変を経て価値観も変り、青春の思い出もそれに影響されるであろう。従ってこのアンケートは、正確には五〇年前の考えを今どう考えているかを示しているであろう。しかし五〇年前の考えを残すものは言論統制下の日記や手紙や作文など断片的なものしかなく、これだけ多数の悉皆調査は他に存在しないので、当時の学生の心を知るために最良の資料としての価値は失われない。

第三に、戦争体験がまったくない若い世代に戦争のことがどこまで理解しうるかという問題がある。深刻な体験をもちながら、現代の若者にわかるはずがないから語りたくない、という先輩、あまりにも悲しい体験で口にすることはできないという先輩、戦争体験などはすべて忘れるべきだという先輩、いろいろおられた。アンケートに答えていただけなかった先輩にも、そのような考えが多いことであろう。そういう気持はよくわかるし、生死をかけた戦いの問題を簡単な言葉の選択やパーセンテージによって表現することはまさに不遜な態度である。しかし数千人を対象とする調査はアンケートによるしかないし、それを補うものとして前塾長をはじめ数十人の方にお願いしてインタヴューを行い、また「塾員執筆太平洋戦争体験記録文リスト」を作成する予定である。。体験者を招いて講演会やシンポジウムも多数催した。これらを十分活用すれば、戦中・戦後という異常な時期によって隔てられた世代間の理解も、ある程度可能になるのではないか。

研究には困難はあるが、このようなプロジェクトはおそらく空前絶後であり、私自身が驚くほどの反響をもって迎えられた。激励の電話をたくさん頂戴し、貴重な写真、書物、雑誌記事のコピィ、昔のクラス雑誌やゼミの名簿、遺書のコピィ、軍隊用品、教員が寄せ書きした日章旗、旧軍隊関係の団体資料、徴集延期証書、召集解除証明書、「国土決戦教令」などの秘密資料、愛唱の詩などが小包や宅配便で送られてきて、学生諸君と感激を共にしている。戦後世代の人間にとっては初めて見るようなもので、これらを活用して理解を深め、できるだけ正確な調査結果を後世に残したい。

このように反響が大きい理由の一つは、慶大の特殊な性格によるであろう。戦前からある大学のなかで慶大は大きな特色をもち、それは福沢諭吉が創立者であったこと、三田会を中心に社中協力（教職員、学生、卒業生の協力）の雰囲気が強いこと、先輩が母校を思う念が厚いことに示される。アンケートを埋める大量の文章や手紙を読むごとに、私はそれを痛感した。

この調査は「学徒出陣」五〇年、敗戦五〇年の時期に当たったため、新聞やテレビ、雑誌などの取材が続き、世の注目するところとなった。それについては巻末の「共同研究に関する報道と関連文献一覧」を参照されたい。

追加質問

非常に詳しい回答を多数頂いたので、昭和二二年卒業生から次の別紙アンケートを同封した。これは終戦直後の情報、および真珠湾攻撃や従軍慰安婦などの問題について、現在どのように考えているかを問うものである。

一、この「太平洋戦争と慶応義塾」という研究プロジェクトについては反響が大きく、いろいろご要望もいただいております。そこで、研究対象を戦後に拡げることを計画中です。ついては、終戦時および戦後の大学生活（復員、復学、学生や教職員の動き、授業状況、課外活動、学生運動、復興作業、施設の状況、米軍との関係、試験、卒業、経済問題、食糧問題など）について、特に御存知のこと、歴史にとどめるべき事実や資料があればお書き下さい。（『慶応義塾年表』を同封しました。）

二、私のゼミナールは今後も太平洋戦争と戦後の諸問題について論議を重ねて行きますが、戦争を実際に体験された方のお考えは特に貴重なので、次の項目のどれについてでも結構ですから、特に御意見をお持ちの方はぜひ記して下さい。（これは、現在のお考えをお願いします。）

a．日本軍の真珠湾攻撃について
b．アメリカの原爆投下について
c．ソ連の参戦について
d．従軍慰安婦について
e．連合軍の占領政策について
f．民主主義への急激な転換について
g．新憲法について
h．天皇制について
i．戦争裁判について
j．湾岸戦争について
k．ＰＫＯについて
l．その他

集計結果

回答を質問ごとに集計し、傾向を読み取れるようにグラフの形に整理したものを以下に掲載する。七六―七九ペイジのアンケート本文にある二六の質問のうち、選択肢を選んで回答する十二の質問について、表とグラフを載せた。

各質問ごとに見開きで、左下の表は各卒業年ごとの選択回答数と率を示し、左上に質問の本文と回答の選択肢、その下の円グラフは回答者全員の各選択肢を選んだ割合を示し、右ペイジの二つのグラフは、それぞれ、卒業年による各選択肢を選んだ人の割合と実数の変化を示している。

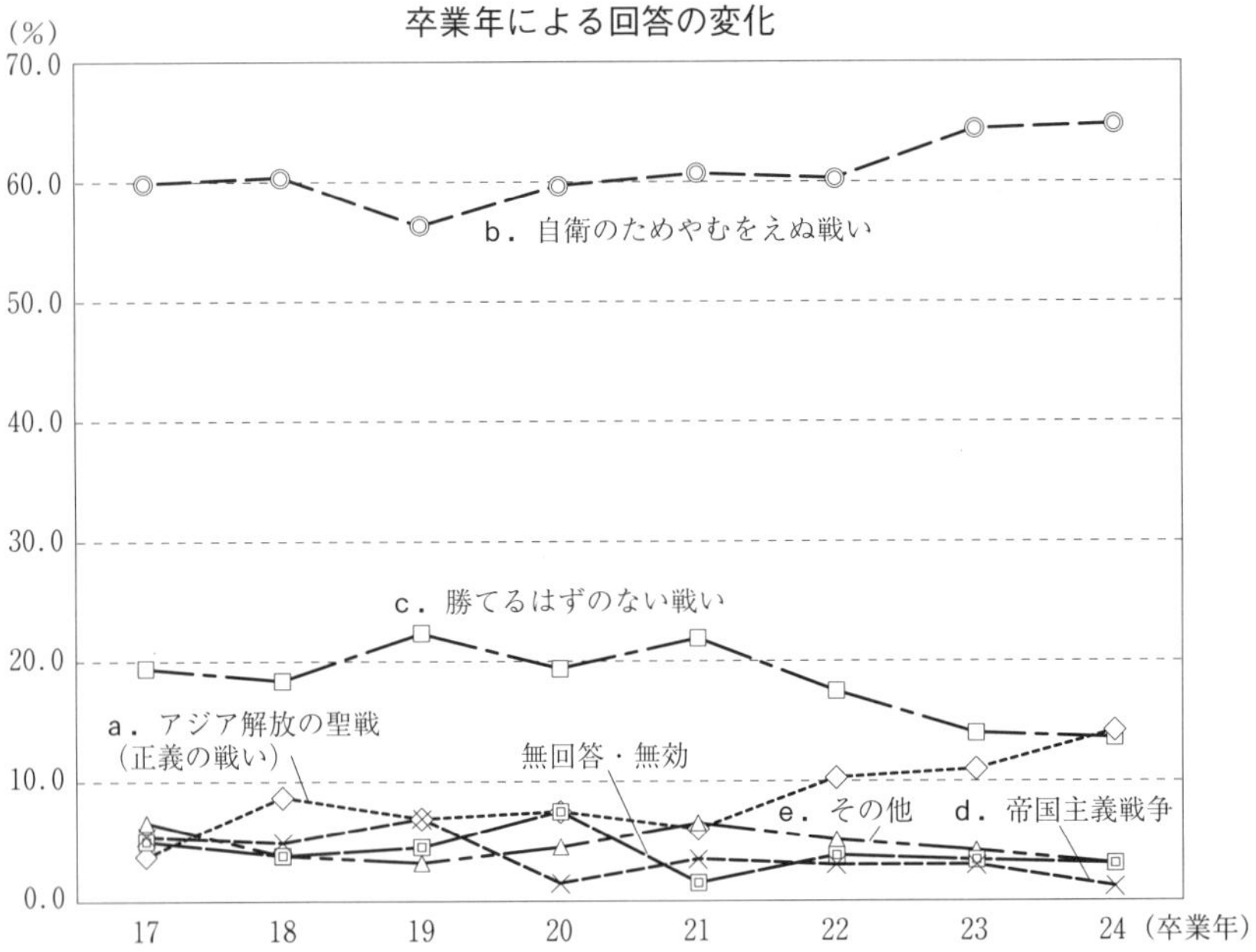
卒業年による回答の変化
(%)
70.0
60.0
50.0
40.0
30.0
20.0
10.0
0.0
b．自衛のためやむをえぬ戦い
c．勝てるはずのない戦い
a．アジア解放の聖戦
(正義の戦い)
無回答・無効
e．その他
d．帝国主義戦争
17
18
19
20
21
22
23
24（卒業年）

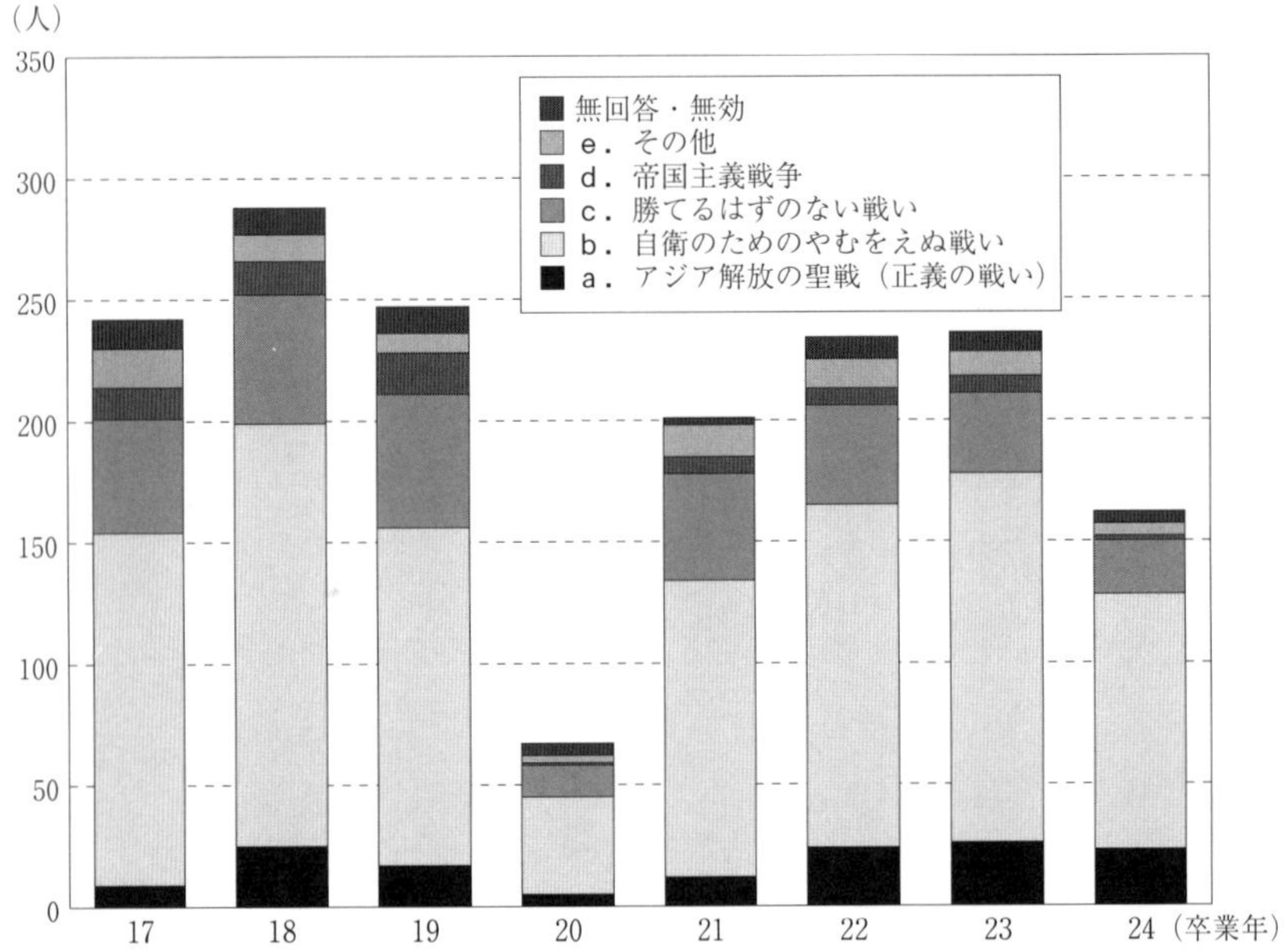
(人)
350
300
250
200
150
100
50
0
無回答・無効
e．その他
d．帝国主義戦争
c．勝てるはずのない戦い
b．自衛のためのやむをえぬ戦い
a．アジア解放の聖戦（正義の戦い）
17
18
19
20
21
22
23
24（卒業年）

☆太平洋戦争について

1． 学生時代には、太平洋戦争についてどのように考えていましたか？

a． アジア解放の聖戦（正義の戦い） b． 自衛のためやむをえぬ戦い

c． 勝てるはずのない戦い d． 帝国主義戦争 e． その他

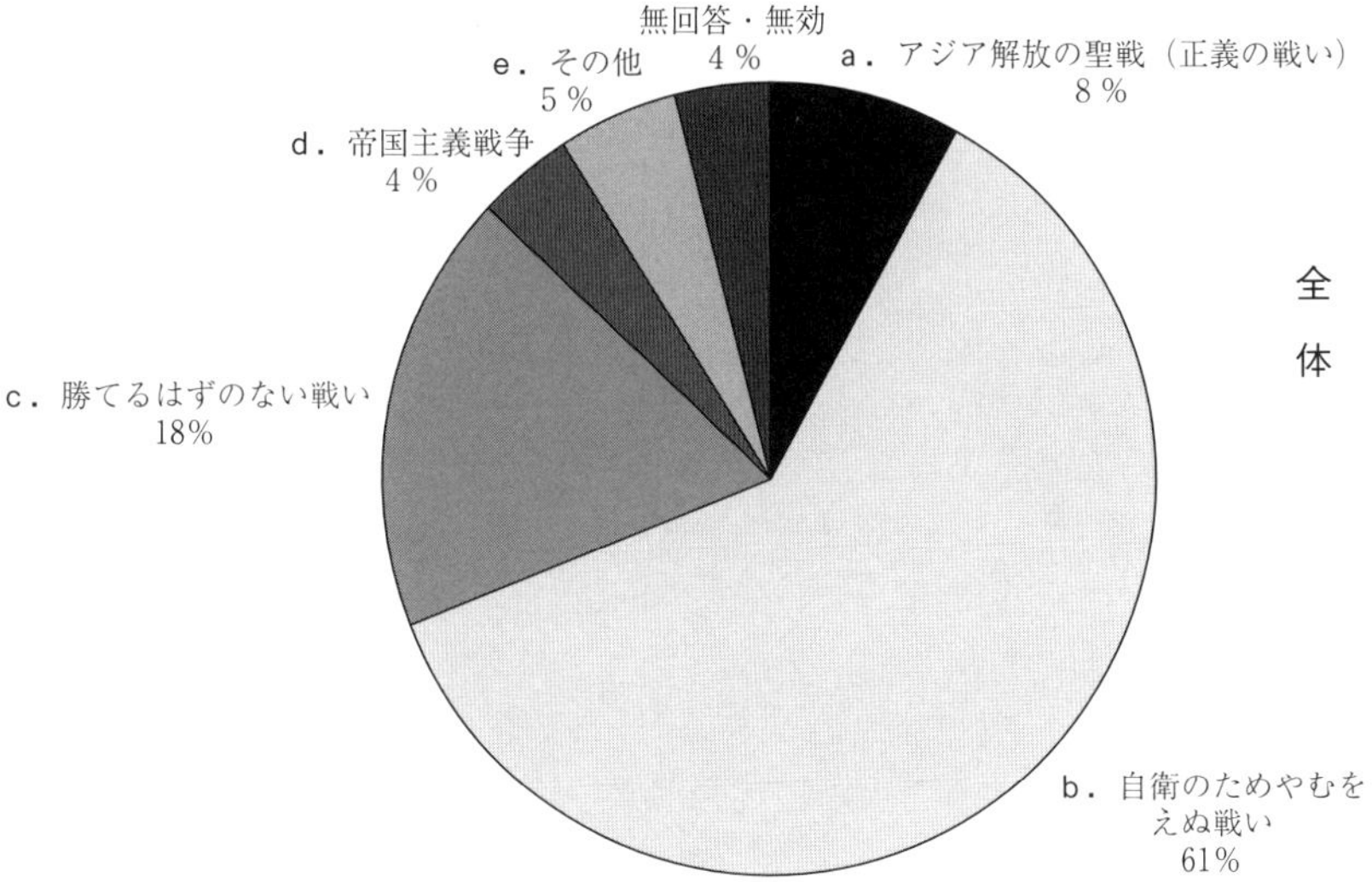

（ ）内は％

卒業年	17	18	19	20	21	22	23	24	不明	合計
a	9 (3.7)	25 (8.7)	17 (6.9)	5 (7.5)	12 (6.0)	24 (10.3)	26 (11.0)	23 (14.2)	0 (0.0)	141 (8.4)
b	145 (59.9)	174 (60.4)	139 (56.3)	40 (59.7)	122 (60.7)	141 (60.3)	152 (64.4)	105 (64.8)	1 (25.0)	1019 (60.6)
c	47 (19.4)	53 (18.4)	55 (22.3)	13 (19.4)	44 (21.9)	41 (17.5)	33 (14.0)	22 (13.6)	0 (0.0)	308 (18.3)
d	13 (5.4)	14 (4.9)	17 (6.9)	1 (1.5)	7 (3.5)	7 (3.0)	7 (3.0)	2 (1.2)	1 (25.0)	69 (4.1)
e	16 (6.6)	11 (3.8)	8 (3.2)	3 (4.5)	13 (6.5)	12 (5.1)	10 (4.2)	5 (3.1)	1 (25.0)	79 (4.7)
無回答・無効	12 (5.0)	11 (3.8)	11 (4.5)	5 (7.5)	3 (1.5)	9 (3.8)	8 (3.4)	5 (3.1)	1 (25.0)	58 (3.9)
合計	242 (100)	288 (100)	247 (100)	67 (100)	201 (100)	234 (100)	236 (100)	162 (100)	4 (100)	1681 (100)

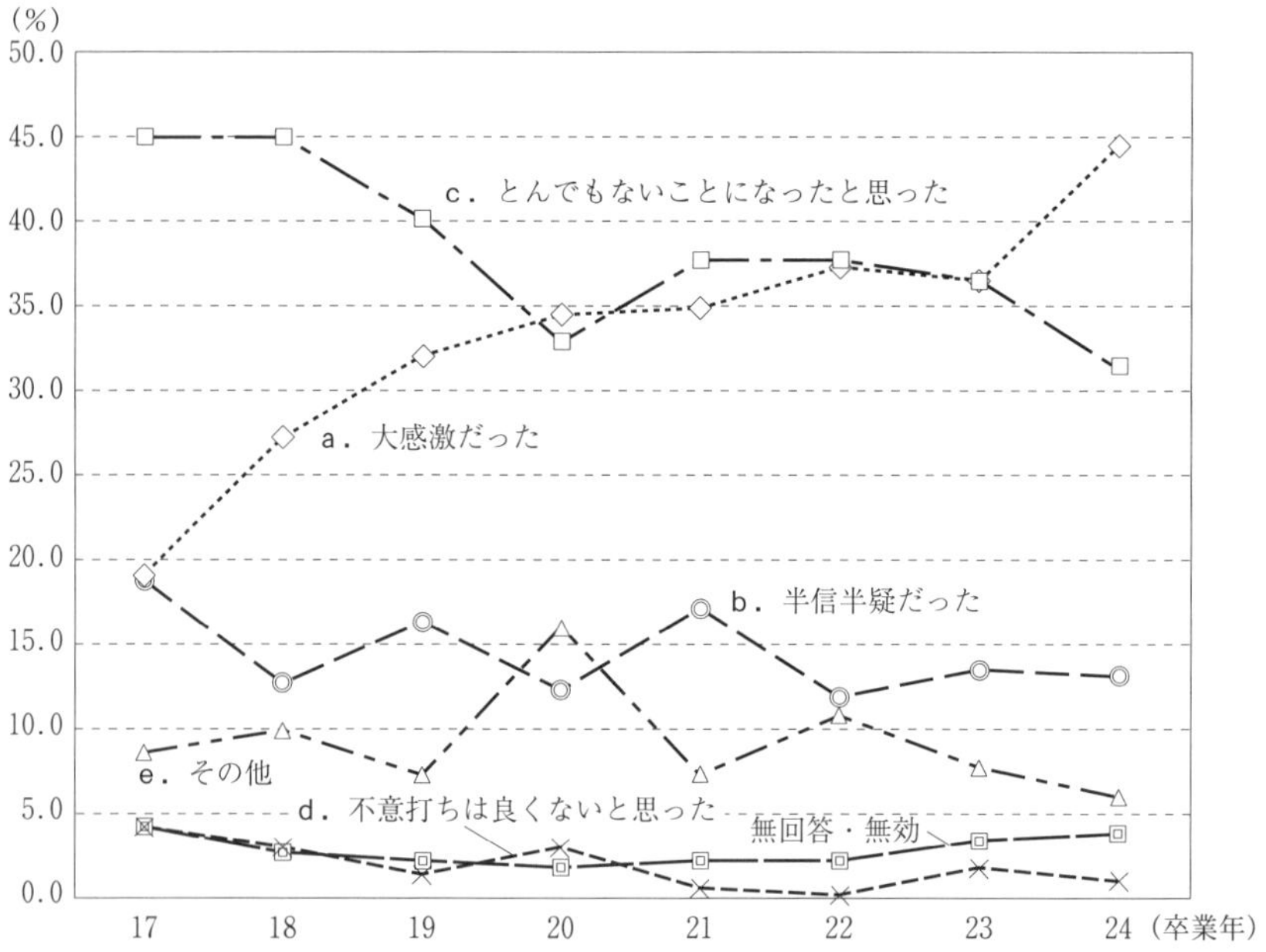
(%)
50.0
45.0
40.0
35.0
30.0
25.0
20.0
15.0
10.0
5.0
0.0
c．とんでもないことになったと思った
a．大感激だった
b．半信半疑だった
e．その他
d．不意打ちは良くないと思った
無回答・無効
17
18
19
20
21
22
23
24（卒業年）

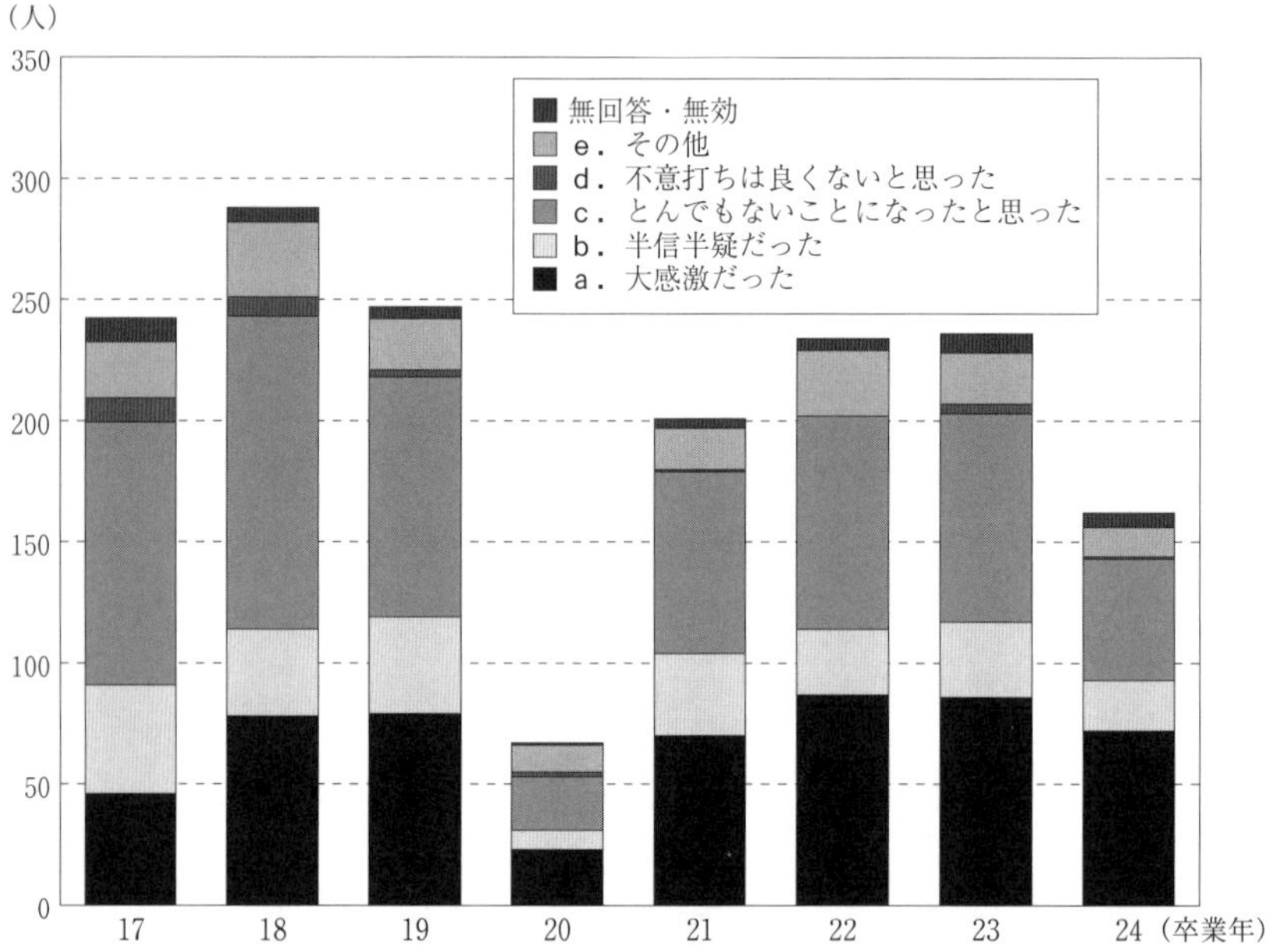
(人)
350
300
250
200
150
100
50
0
無回答・無効
e．その他
d．不意打ちは良くないと思った
c．とんでもないことになったと思った
b．半信半疑だった
a．大感激だった
17
18
19
20
21
22
23
24（卒業年）

2．真珠湾攻撃の報を聞いて、どのように感じましたか？

a．大感激だった　b．半信半疑だった

c．とんでもないことになったと思った

d．不意打ちは良くないと思った　e．その他

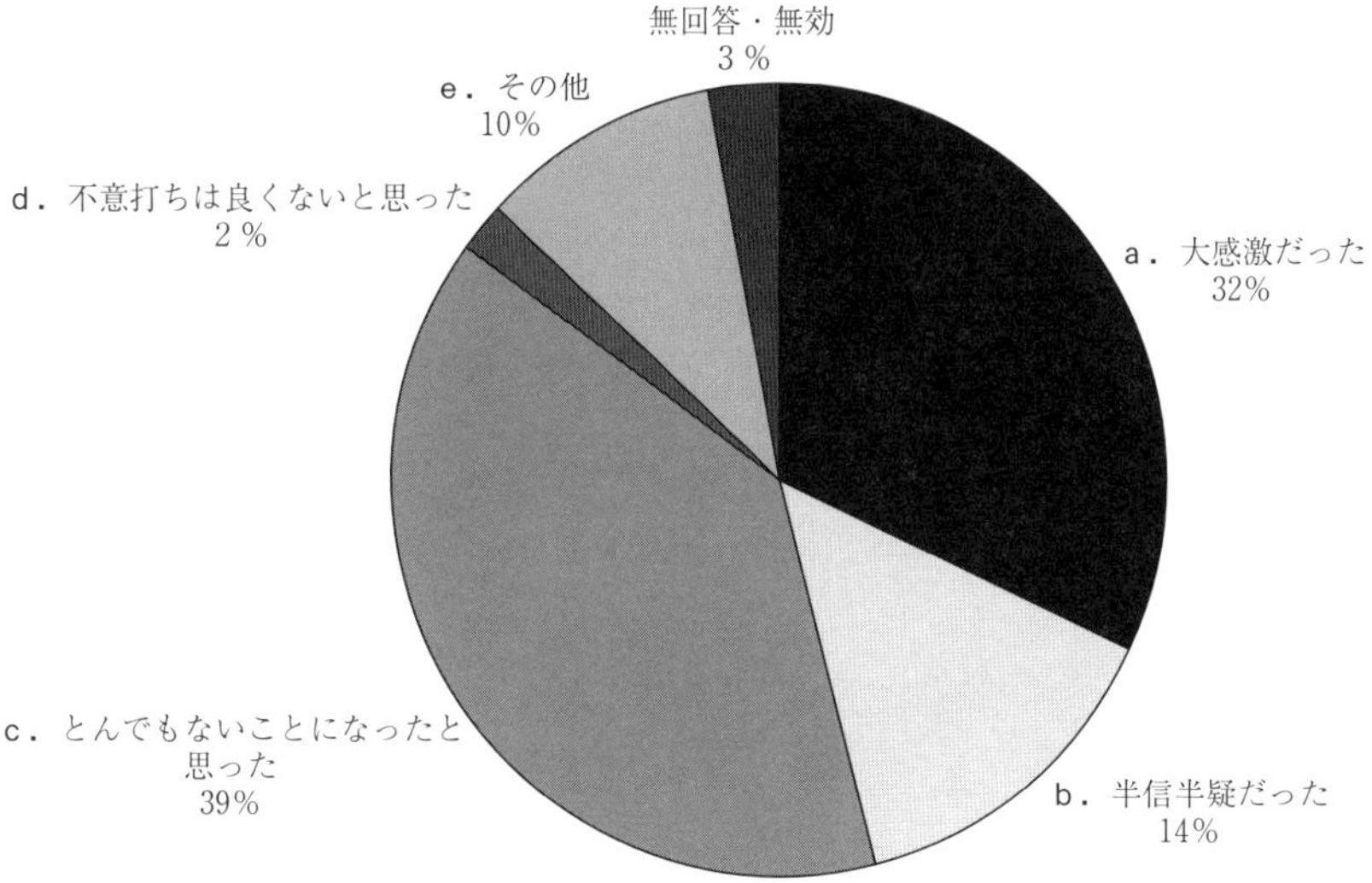

（　）内は％

卒業年	17	18	19	20	21	22	23	24	不明	合計
a	46 (19.0)	78 (27.1)	79 (32.0)	23 (34.3)	70 (34.8)	87 (37.2)	86 (36.4)	72 (44.4)	1 (25.0)	542 (32.2)
b	45 (18.6)	36 (12.5)	40 (16.2)	8 (11.9)	34 (16.9)	27 (11.5)	31 (13.1)	21 (13.0)	0 (0.0)	242 (14.4)
c	108 (44.6)	129 (44.8)	99 (40.1)	22 (32.8)	75 (37.3)	88 (37.6)	86 (36.4)	50 (30.9)	2 (50.0)	659 (39.2)
d	10 (4.1)	8 (2.8)	3 (1.2)	2 (3.0)	1 (0.5)	0 (0.0)	4 (1.7)	1 (0.6)	0 (0.0)	29 (1.7)
e	23 (9.5)	31 (10.8)	21 (8.5)	11 (16.4)	17 (8.5)	27 (11.5)	21 (8.9)	12 (7.4)	0 (0.0)	163 (9.7)
無回答・無効	10 (4.1)	6 (2.1)	5 (2.0)	1 (1.5)	4 (2.0)	5 (2.1)	8 (3.4)	6 (3.7)	1 (25.0)	46 (2.7)
合計	242 (100)	288 (100)	247 (100)	67 (100)	201 (100)	234 (100)	236 (100)	162 (100)	4 (100)	1681 (100)

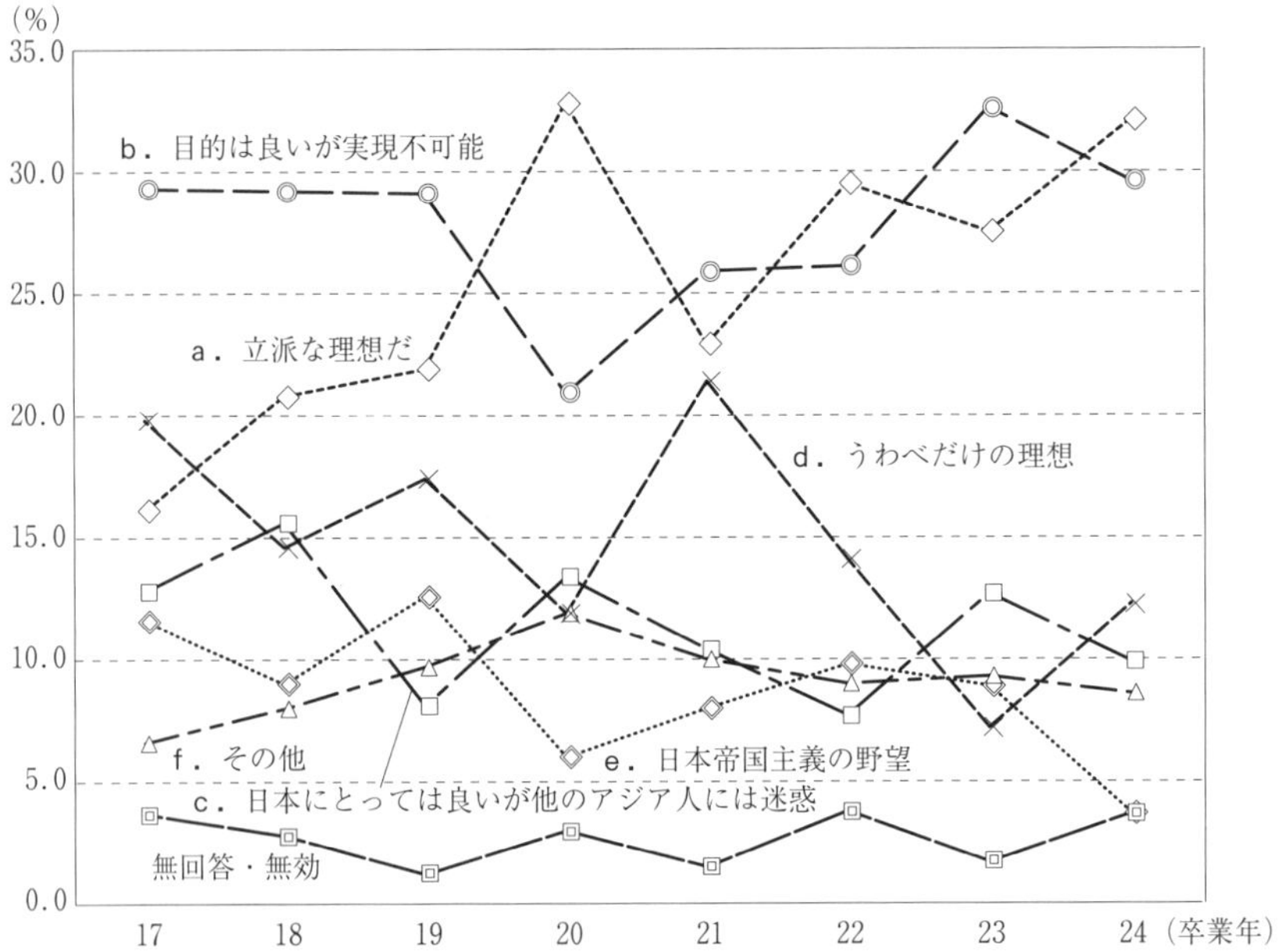
(%)
35.0
30.0
25.0
20.0
15.0
10.0
5.0
0.0
b．目的は良いが実現不可能
a．立派な理想だ
d．うわべだけの理想
f．その他
e．日本帝国主義の野望
c．日本にとっては良いが他のアジア人には迷惑
無回答・無効
17
18
19
20
21
22
23
24（卒業年）

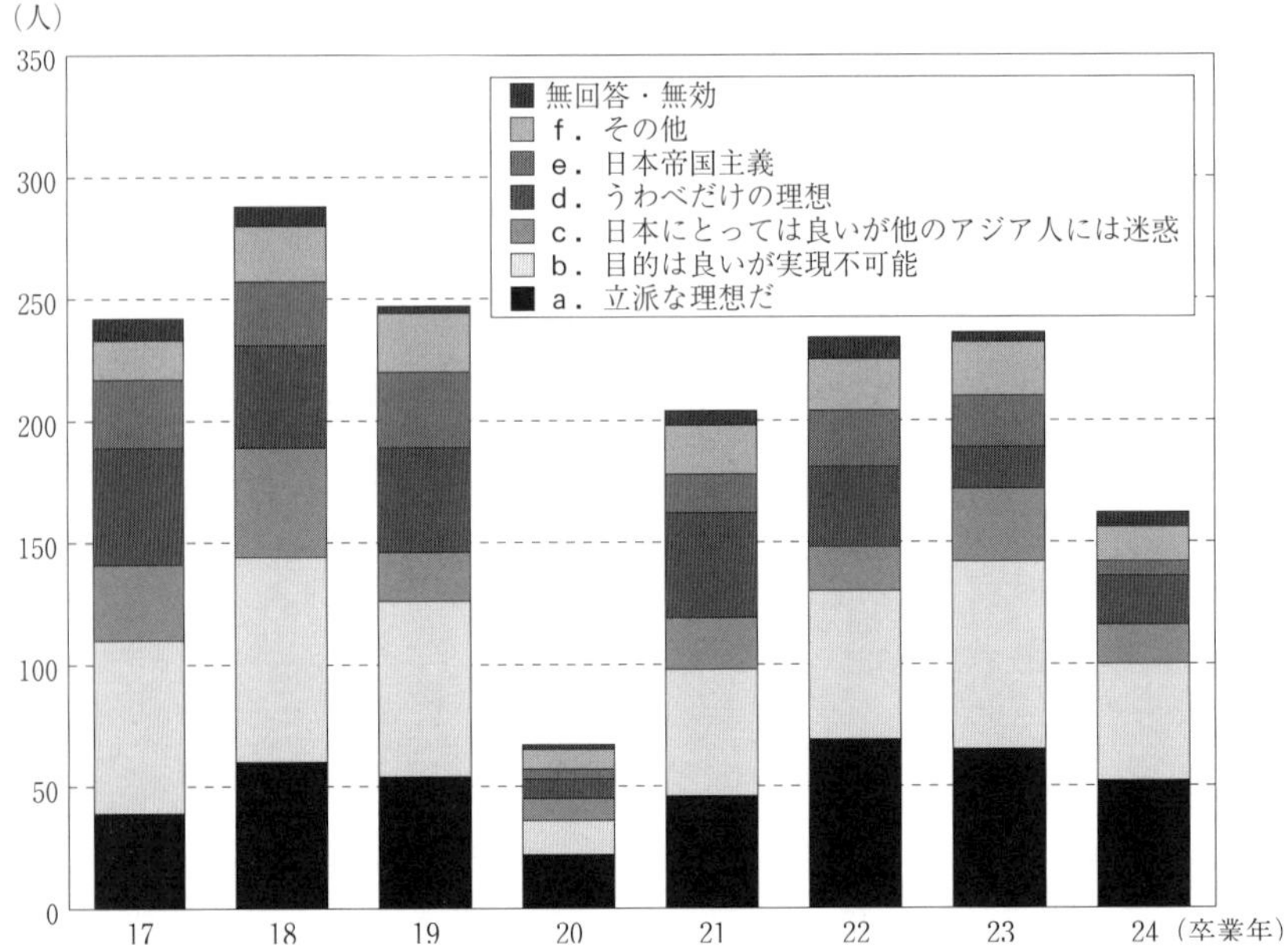
(人)
350
300
250
200
150
100
50
0
無回答・無効
f．その他
e．日本帝国主義
d．うわべだけの理想
c．日本にとっては良いが他のアジア人には迷惑
b．目的は良いが実現不可能
a．立派な理想だ
17
18
19
20
21
22
23
24（卒業年）

3．学生時代には、大東亜共栄圏の理想についてどのように思っていましたか？

ａ．立派な理想だ　ｂ．目的は良いが実現不可能

ｃ．日本にとっては良いが他のアジア人には迷惑

ｄ．うわべだけの理想　ｅ．日本帝国主義の野望　ｆ．その他

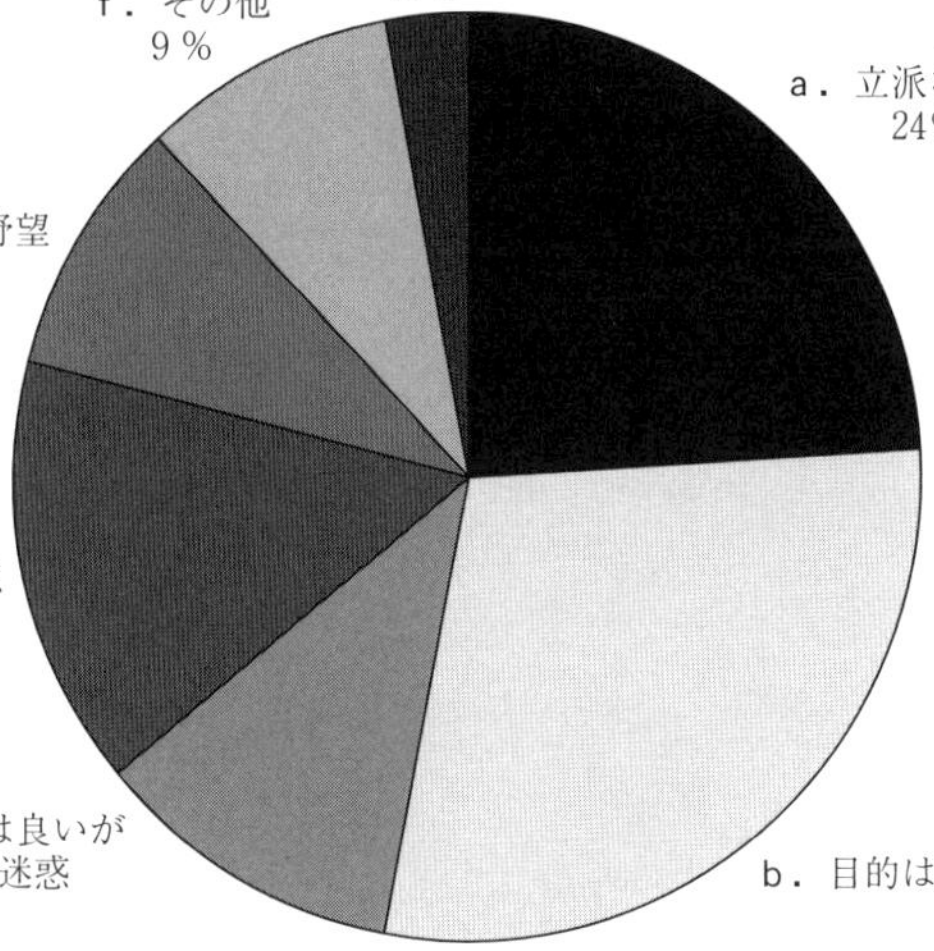

（　）内は％

卒業年	17	18	19	20	21	22	23	24	不明	合計
a	39 (16.1)	60 (20.8)	54 (21.9)	22 (32.8)	46 (22.9)	69 (29.5)	65 (27.5)	52 (32.1)	0 (0.0)	407 (24.2)
b	71 (29.3)	84 (29.2)	72 (29.1)	14 (20.9)	52 (25.9)	61 (26.1)	77 (32.6)	48 (29.6)	1 (25.0)	480 (28.6)
c	31 (12.8)	45 (15.6)	20 (8.1)	9 (13.4)	21 (10.4)	18 (7.7)	30 (12.7)	16 (9.9)	0 (0.0)	190 (11.3)
d	48 (19.8)	42 (14.6)	43 (17.4)	8 (11.9)	43 (21.4)	33 (14.1)	17 (7.2)	20 (12.3)	1 (25.0)	255 (15.2)
e	28 (11.6)	26 (9.0)	31 (12.6)	4 (6.0)	16 (8.0)	23 (9.8)	21 (8.9)	6 (3.7)	1 (25.0)	156 (9.3)
f	16 (6.6)	23 (8.0)	24 (9.7)	8 (11.9)	20 (10.0)	21 (9.0)	22 (9.3)	14 (8.6)	0 (0.0)	148 (8.8)
無回答･無効	9 (3.7)	8 (2.8)	3 (1.2)	2 (3.0)	3 (1.5)	9 (3.8)	4 (1.7)	6 (3.7)	1 (25.0)	45 (2.7)
合計	242 (100)	288 (100)	247 (100)	67 (100)	201 (100)	234 (100)	236 (100)	162 (100)	4 (100)	1681 (100)

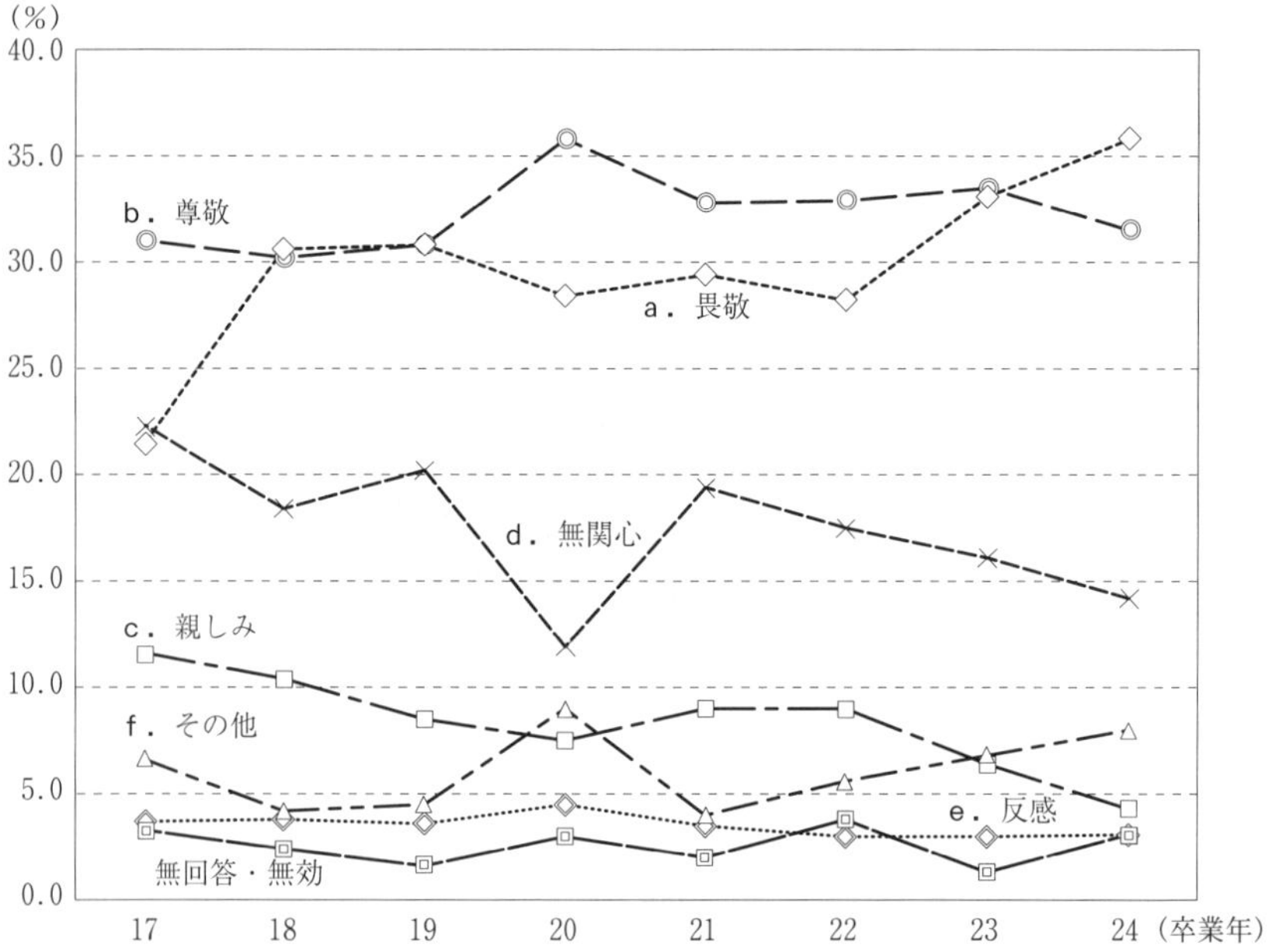
(%)
40.0
35.0
30.0
25.0
20.0
15.0
10.0
5.0
0.0
b．尊敬
a．畏敬
d．無関心
c．親しみ
f．その他
e．反感
無回答・無効
17
18
19
20
21
22
23
24（卒業年）

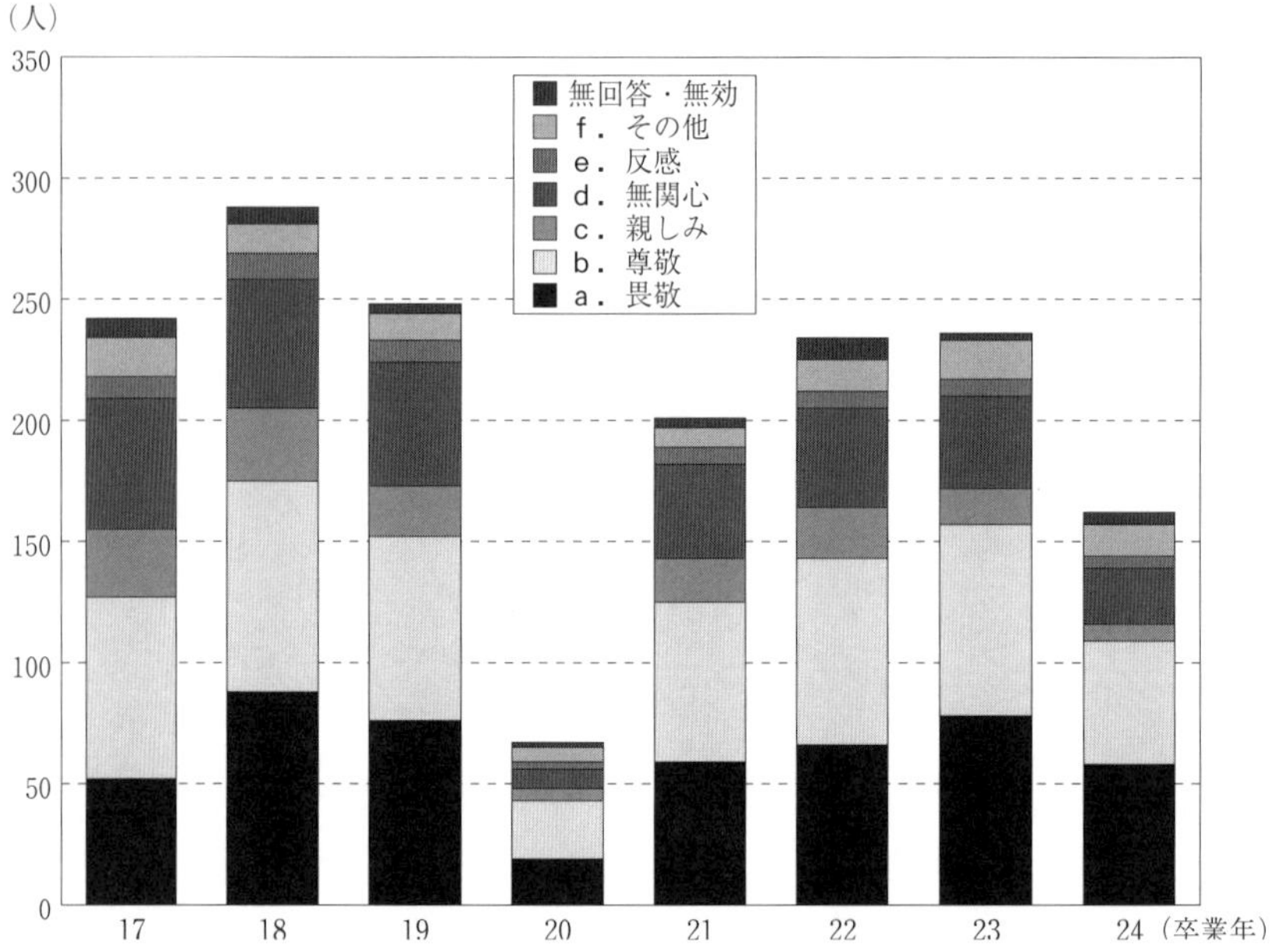
（人）
350
300
250
200
150
100
50
0
無回答・無効
f．その他
e．反感
d．無関心
c．親しみ
b．尊敬
a．畏敬
17
18
19
20
21
22
23
24（卒業年）

4．学生時代には、天皇についてどう思っていましたか？

a．畏敬　b．尊敬　c．親しみ

d．無関心　e．反感　f．その他

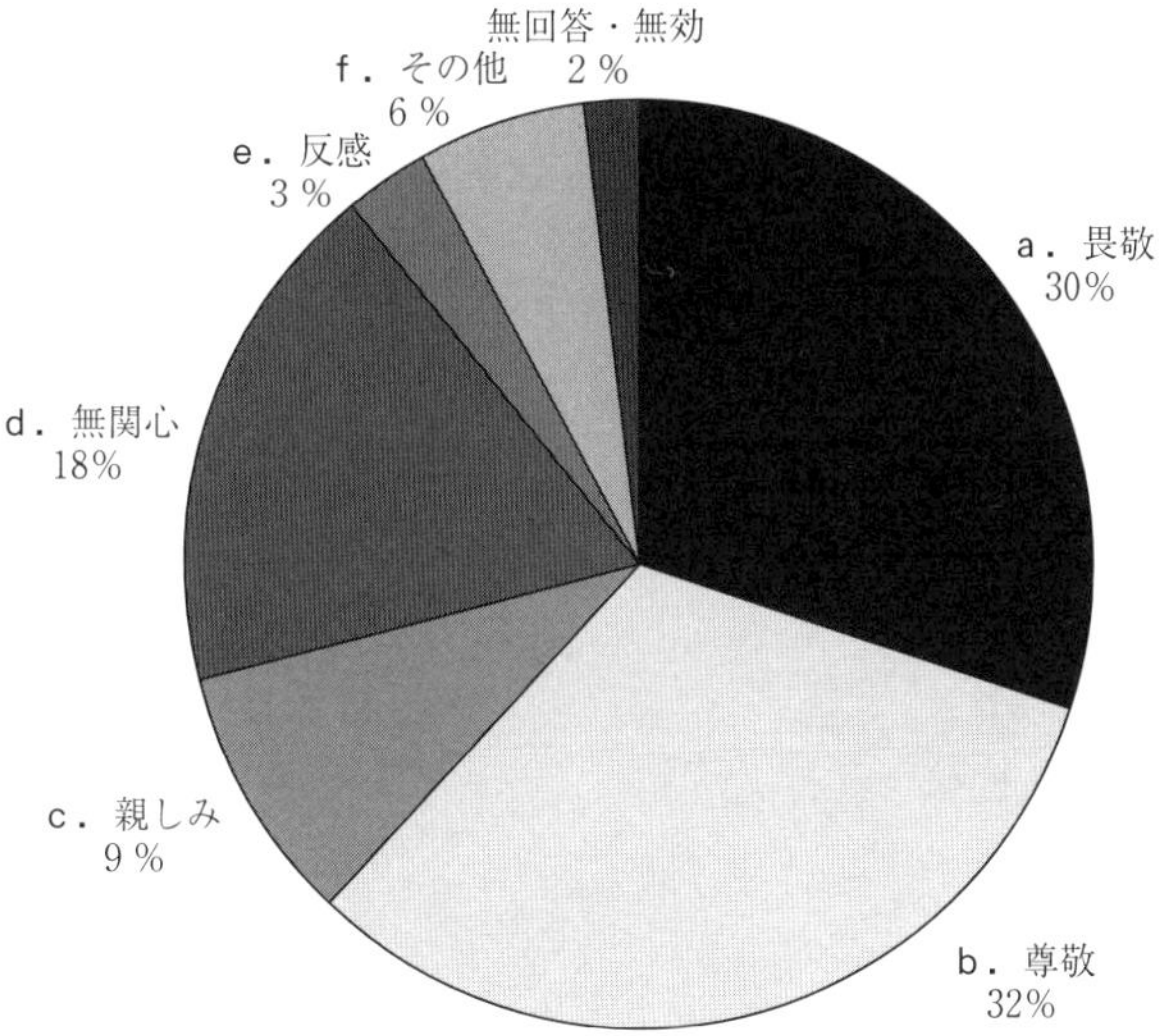

（　）内は％

卒業年	17	18	19	20	21	22	23	24	不明	合計
a	52 (21.5)	88 (30.6)	76 (30.8)	19 (28.4)	59 (29.4)	66 (28.2)	78 (33.1)	58 (35.8)	0 (0.0)	496 (29.5)
b	75 (31.0)	87 (30.2)	76 (30.8)	24 (35.8)	66 (32.8)	77 (32.9)	79 (33.5)	51 (31.5)	2 (50.0)	537 (31.9)
c	28 (11.6)	30 (10.4)	21 (8.5)	5 (7.5)	18 (9.0)	21 (9.0)	15 (6.4)	7 (4.3)	0 (0.0)	145 (8.6)
d	54 (22.3)	53 (18.4)	50 (20.2)	8 (11.9)	39 (19.4)	41 (17.5)	38 (16.1)	23 (14.2)	2 (50.0)	308 (18.3)
e	9 (3.7)	11 (3.8)	9 (3.6)	3 (4.5)	7 (3.5)	7 (3.0)	7 (3.0)	5 (3.1)	0 (0.0)	58 (3.5)
f	16 (6.6)	12 (4.2)	11 (4.5)	6 (9.0)	8 (4.0)	13 (5.6)	16 (6.8)	13 (8.0)	0 (0.0)	95 (5.7)
無回答・無効	8 (3.3)	7 (2.4)	4 (1.6)	2 (3.0)	4 (2.0)	9 (3.8)	3 (1.3)	5 (3.1)	0 (0.0)	42 (2.5)
合計	242 (100)	288 (100)	247 (100)	67 (100)	201 (100)	234 (100)	236 (100)	162 (100)	4 (100)	1681 (100)

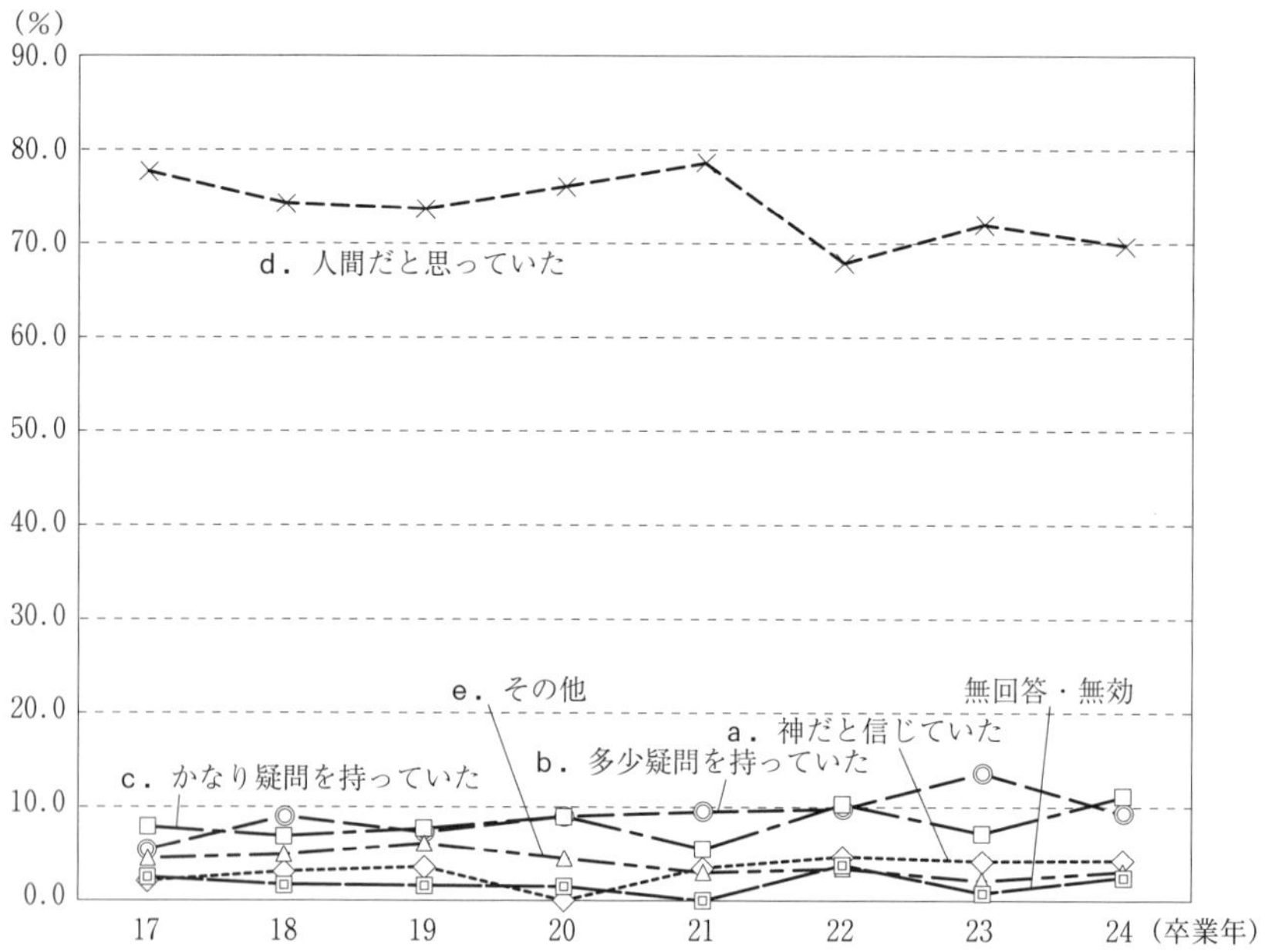
(%)
90.0
80.0
70.0
60.0
50.0
40.0
30.0
20.0
10.0
0.0
d．人間だと思っていた
e．その他
無回答・無効
a．神だと信じていた
b．多少疑問を持っていた
c．かなり疑問を持っていた
17
18
19
20
21
22
23
24（卒業年）

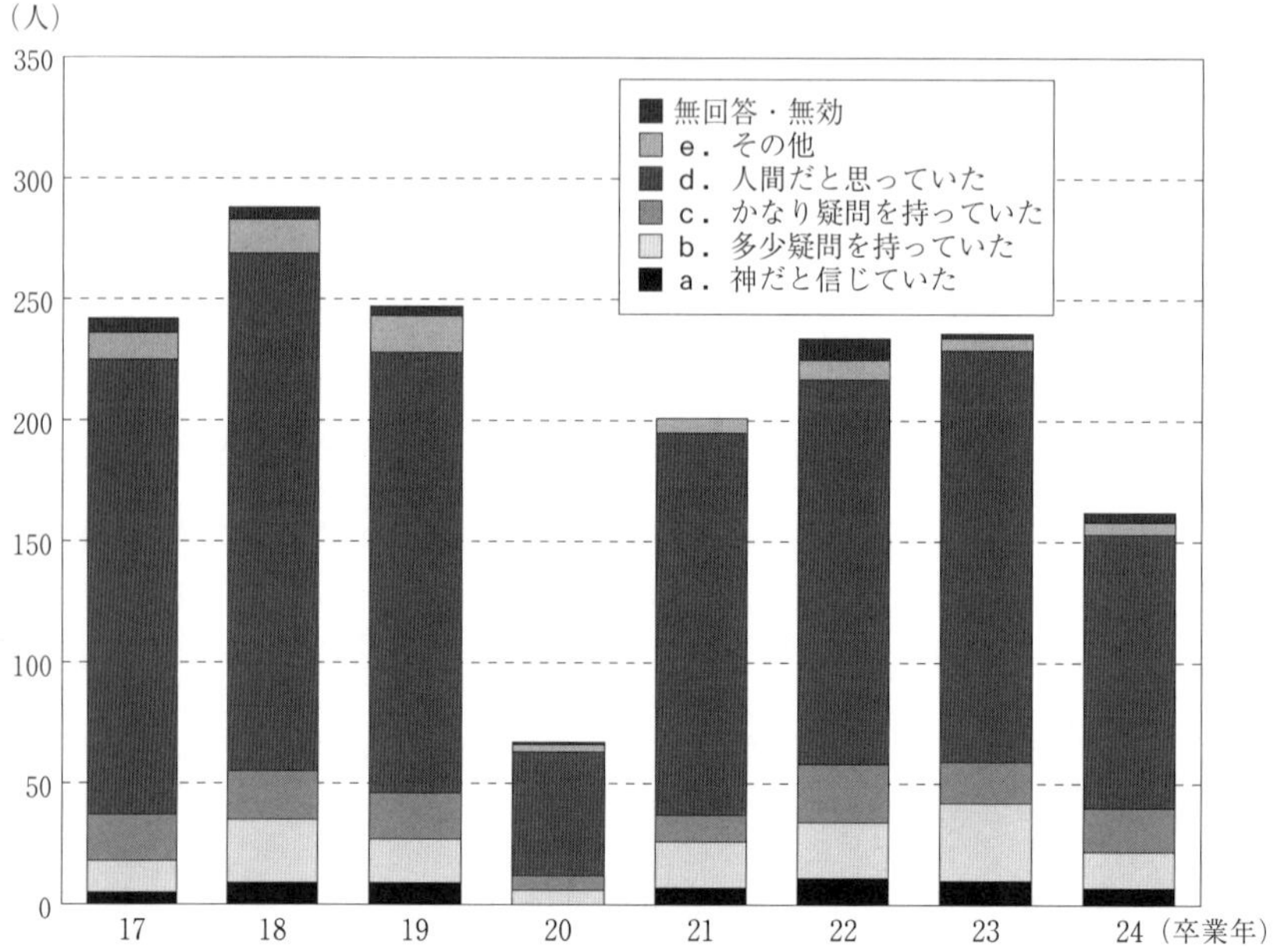
(人)
350
300
250
200
150
100
50
0
無回答・無効
e．その他
d．人間だと思っていた
c．かなり疑問を持っていた
b．多少疑問を持っていた
a．神だと信じていた
17
18
19
20
21
22
23
24（卒業年）

5．学生時代には、天皇は神だと信じていましたか？

a．神だと信じていた　b．多少疑問を持っていた

c．かなり疑問を持っていた　d．人間だと思っていた

e．その他

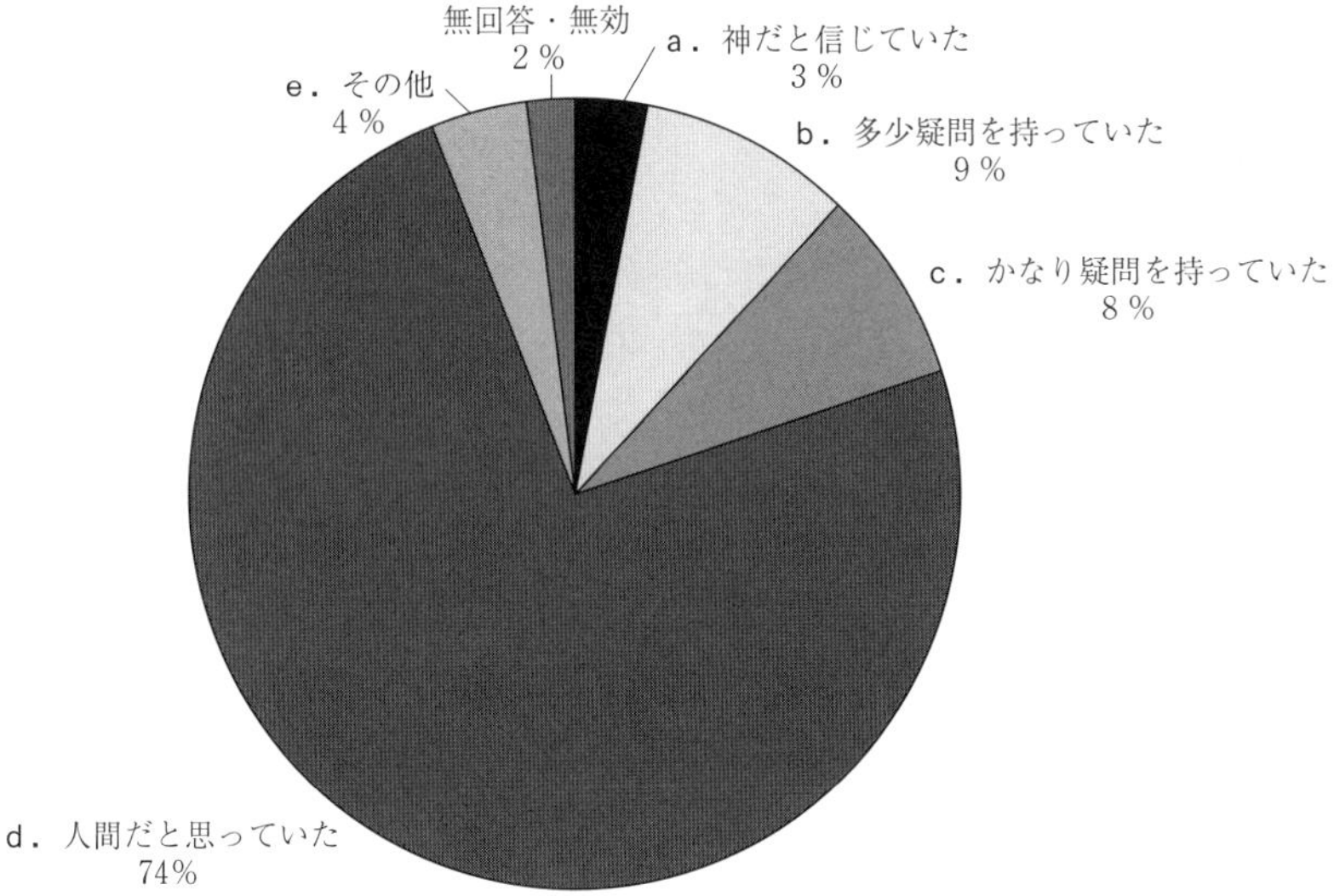

（　）内は％

卒業年	17	18	19	20	21	22	23	24	不明	合計
a	5 (2.1)	9 (3.1)	9 (3.6)	0 (0.0)	7 (3.5)	11 (4.7)	10 (4.2)	7 (4.3)	0 (0.0)	58 (3.5)
b	13 (5.4)	26 (9.0)	18 (7.3)	6 (9.0)	19 (9.5)	23 (9.8)	32 (13.6)	15 (9.3)	1 (25.0)	153 (9.1)
c	19 (7.9)	20 (6.9)	19 (7.7)	6 (9.0)	11 (5.5)	24 (10.3)	17 (7.2)	18 (11.1)	0 (0.0)	134 (8.0)
d	188 (77.7)	214 (74.3)	182 (73.7)	51 (76.1)	158 (78.6)	159 (67.9)	170 (72.0)	113 (69.8)	2 (50.0)	1237 (73.6)
e	11 (4.5)	14 (4.9)	15 (6.1)	3 (4.5)	6 (3.0)	8 (3.4)	5 (2.1)	5 (3.1)	1 (25.0)	68 (4.0)
無回答・無効	6 (2.5)	5 (1.7)	4 (1.6)	1 (1.5)	0 (0.0)	9 (3.8)	2 (0.8)	4 (2.5)	0 (0.0)	31 (1.8)
合計	242 (100)	288 (100)	247 (100)	67 (100)	201 (100)	234 (100)	236 (100)	162 (100)	4 (100)	1681 (100)

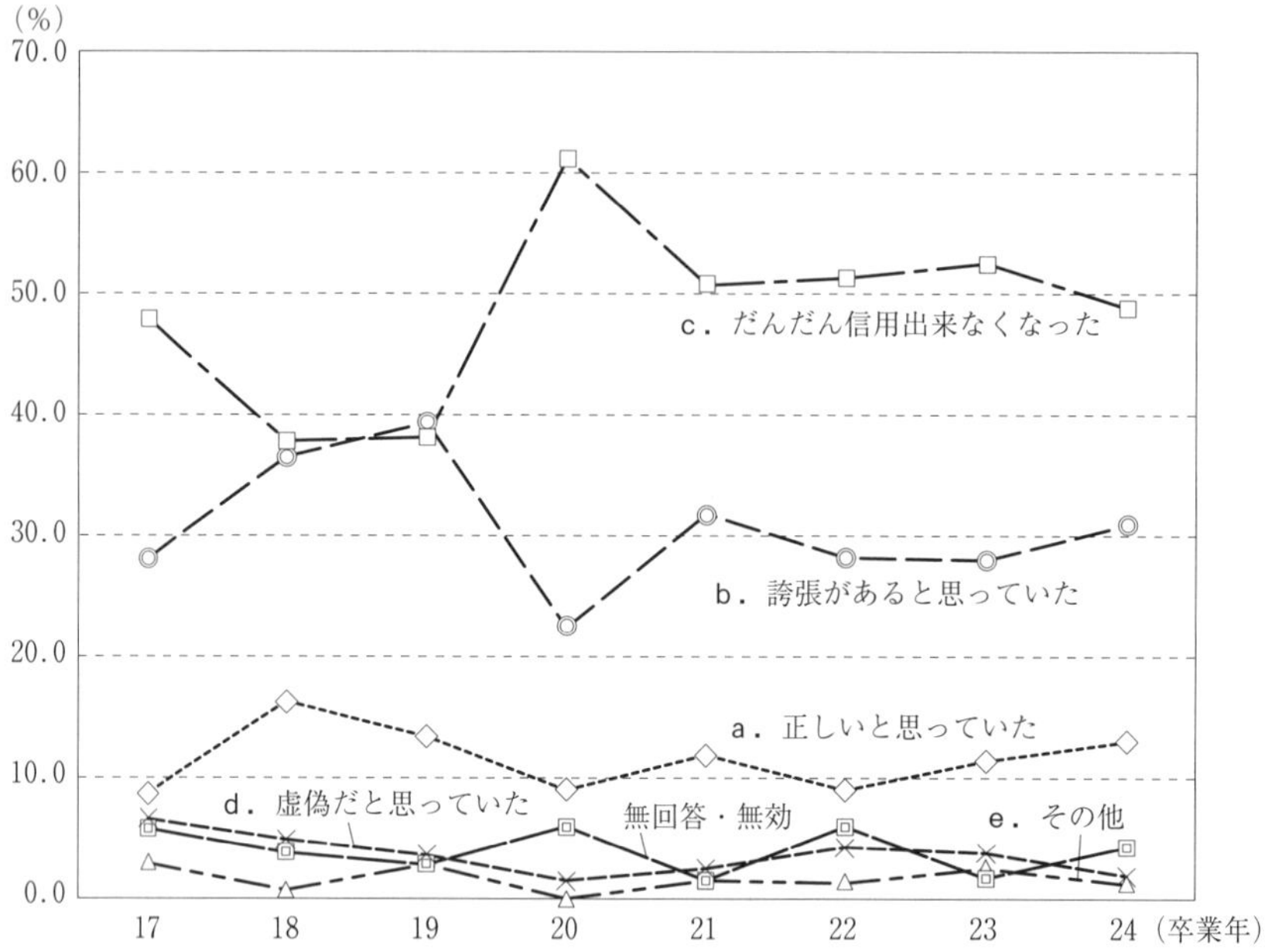
(%)
70.0
60.0
50.0
40.0
30.0
20.0
10.0
0.0
c．だんだん信用出来なくなった
b．誇張があると思っていた
a．正しいと思っていた
d．虚偽だと思っていた
無回答・無効
e．その他
17
18
19
20
21
22
23
24（卒業年）

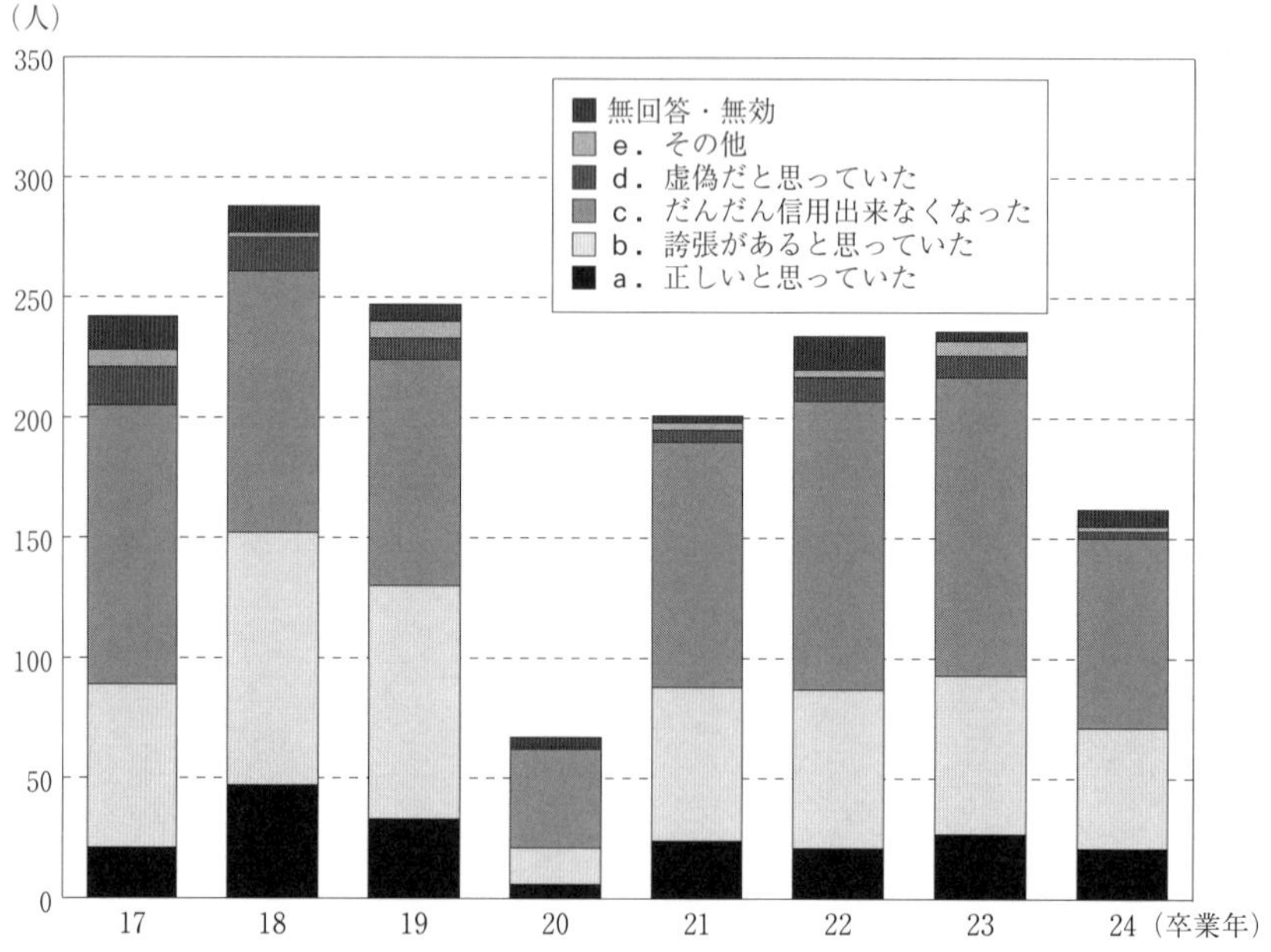
(人)
350
300
250
200
150
100
50
0
無回答・無効
e．その他
d．虚偽だと思っていた
c．だんだん信用出来なくなった
b．誇張があると思っていた
a．正しいと思っていた
17
18
19
20
21
22
23
24（卒業年）

6．大本営発表を信用していましたか？（卒業までの時点でお考え下さい）

a．正しいと思っていた　b．誇張があると思っていた

c．だんだん信用出来なくなった　d．虚偽だと思っていた

e．その他

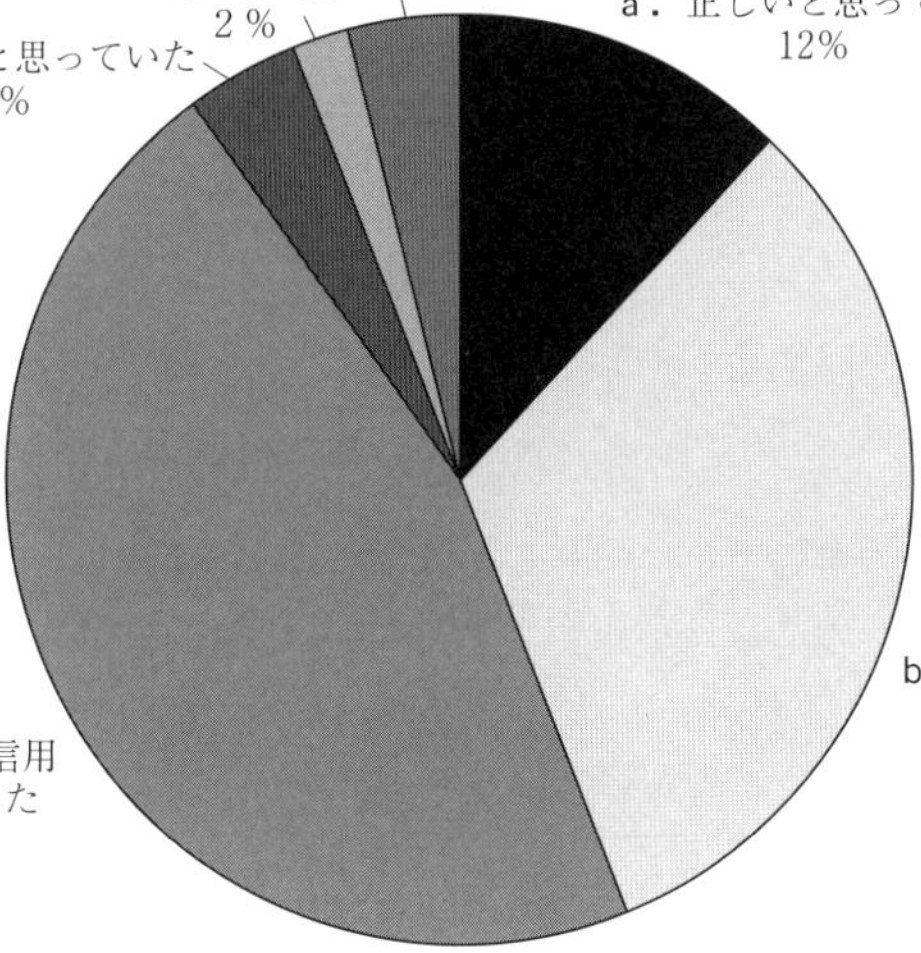

（　）内は％

卒業年	17	18	19	20	21	22	23	24	不明	合計
a	21 (8.7)	47 (16.3)	33 (13.4)	6 (9.0)	24 (11.9)	21 (9.0)	27 (11.4)	21 (13.0)	1 (25.0)	201 (12.0)
b	68 (28.1)	105 (36.5)	97 (39.3)	15 (22.4)	64 (31.8)	66 (28.2)	66 (28.0)	50 (30.9)	1 (25.0)	532 (31.6)
c	116 (47.9)	109 (37.8)	94 (38.1)	41 (61.2)	102 (50.7)	120 (51.3)	124 (52.5)	79 (48.8)	1 (25.0)	786 (46.8)
d	16 (6.6)	14 (4.9)	9 (3.6)	1 (1.5)	5 (2.5)	10 (4.3)	9 (3.8)	3 (1.9)	1 (25.0)	68 (4.0)
e	7 (2.9)	2 (0.7)	7 (2.8)	0 (0.0)	3 (1.5)	3 (1.3)	6 (2.5)	2 (1.2)	0 (0.0)	30 (1.8)
無回答・無効	14 (5.8)	11 (3.8)	7 (2.8)	4 (6.0)	3 (1.5)	14 (6.0)	4 (1.7)	7 (4.3)	0 (0.0)	64 (3.8)
合計	242 (100)	288 (100)	247 (100)	67 (100)	201 (100)	234 (100)	236 (100)	162 (100)	4 (100)	1681 (100)

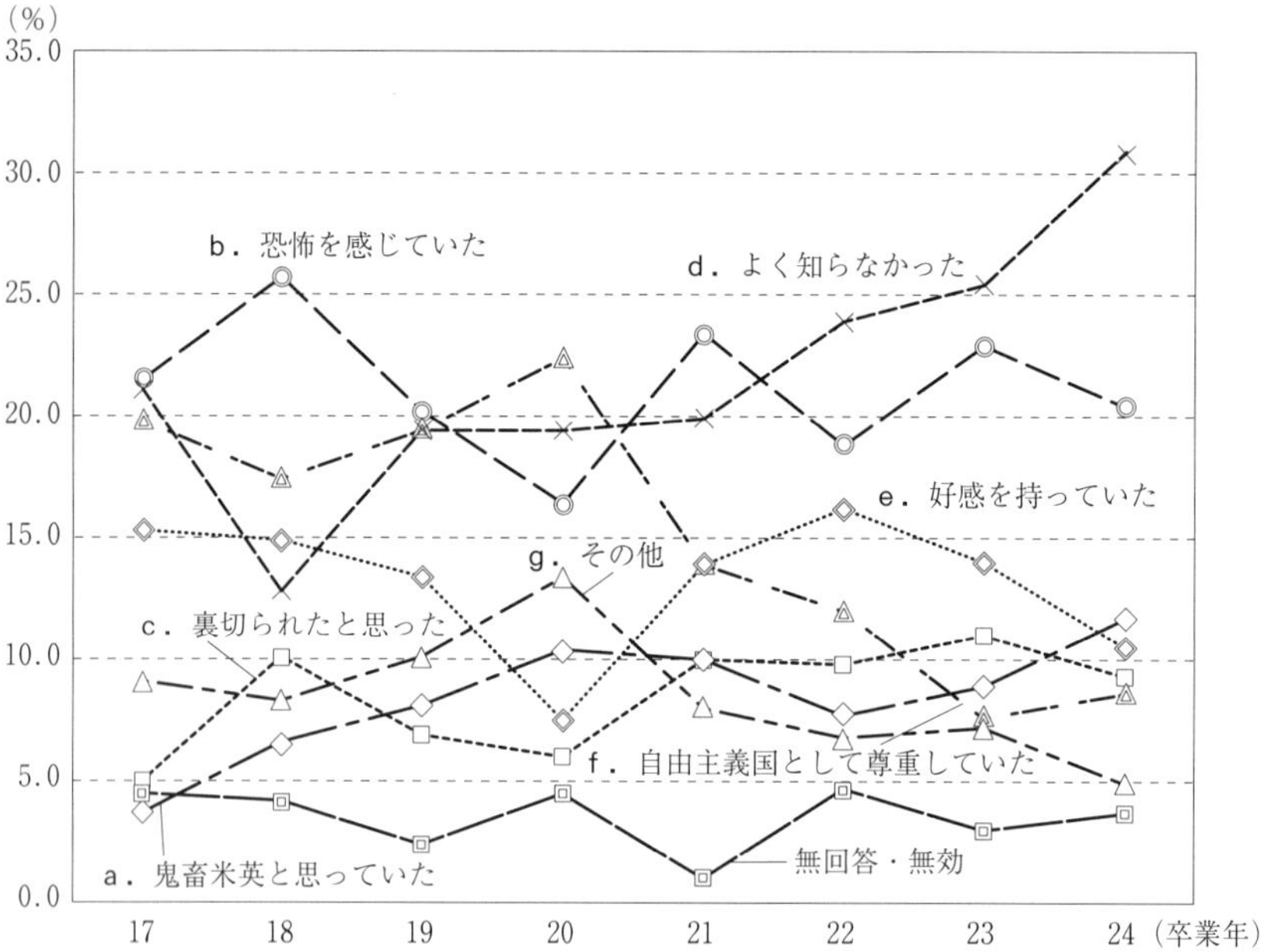
(%)
35.0
30.0
25.0
20.0
15.0
10.0
5.0
0.0
b．恐怖を感じていた
d．よく知らなかった
e．好感を持っていた
g．その他
c．裏切られたと思った
f．自由主義国として尊重していた
a．鬼畜米英と思っていた
無回答・無効
17
18
19
20
21
22
23
24（卒業年）

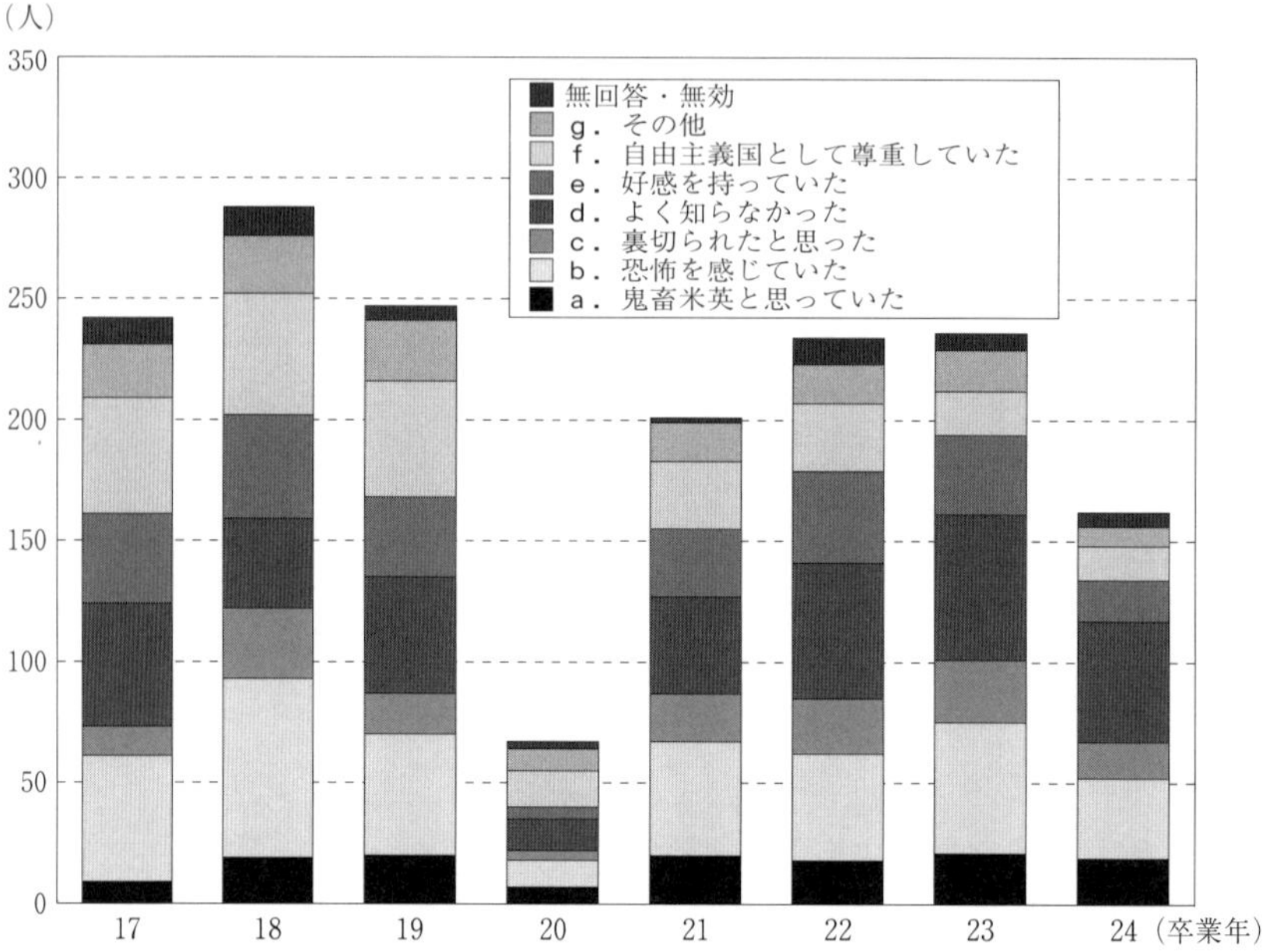
(人)
350
300
250
200
150
100
50
0
無回答・無効
g．その他
f．自由主義国として尊重していた
e．好感を持っていた
d．よく知らなかった
c．裏切られたと思った
b．恐怖を感じていた
a．鬼畜米英と思っていた
17
18
19
20
21
22
23
24（卒業年）

7．開戦時には、アメリカとイギリスについてどのように思っていましたか？

a．鬼畜米英と思っていた　b．恐怖を感じていた

c．裏切られたと思った　d．よく知らなかった

e．好感を持っていた　f．自由主義国として尊重していた　g．その他

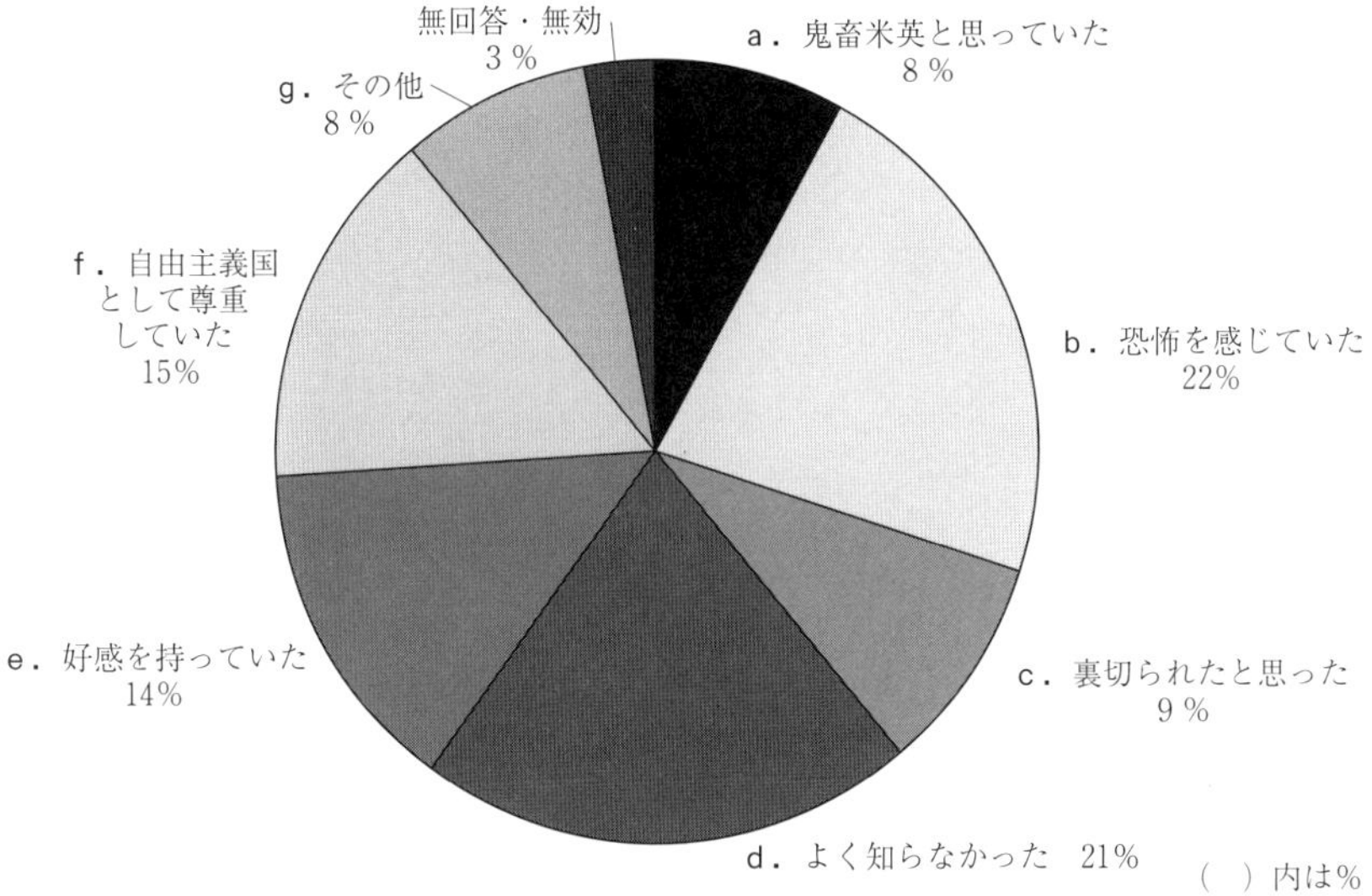

（　）内は％

卒業年	17	18	19	20	21	22	23	24	不明	合計
a	9 (3.7)	19 (6.6)	20 (8.1)	7 (10.4)	20 (10.0)	18 (7.7)	21 (8.9)	19 (11.7)	0 (0.0)	133 (7.9)
b	52 (21.5)	74 (25.7)	50 (20.2)	11 (16.4)	47 (23.4)	44 (18.8)	54 (22.9)	33 (20.4)	0 (0.0)	365 (21.7)
c	12 (5.0)	29 (10.1)	17 (6.9)	4 (6.0)	20 (10.0)	23 (9.8)	26 (11.0)	15 (9.3)	1 (25.0)	147 (8.7)
d	51 (21.1)	37 (12.8)	48 (19.4)	13 (19.4)	40 (19.9)	56 (23.9)	60 (25.4)	50 (30.9)	0 (0.0)	355 (21.1)
e	37 (15.3)	43 (14.9)	33 (13.4)	5 (7.5)	28 (13.9)	38 (16.2)	33 (14.0)	17 (10.5)	0 (0.0)	234 (13.9)
f	48 (19.8)	50 (17.4)	48 (19.4)	15 (22.4)	28 (13.9)	28 (12.0)	18 (7.6)	14 (8.6)	2 (50.0)	251 (14.9)
g	22 (9.1)	24 (8.3)	25 (10.1)	9 (13.4)	16 (8.0)	16 (6.8)	17 (7.2)	8 (4.9)	1 (25.0)	138 (8.2)
無回答·無効	11 (4.5)	12 (4.2)	6 (2.4)	3 (4.5)	2 (1.0)	11 (4.7)	7 (3.0)	6 (3.7)	0 (0.0)	58 (3.5)
合計	242 (100)	288 (100)	247 (100)	67 (100)	201 (100)	234 (100)	236 (100)	162 (100)	4 (100)	1681 (100)

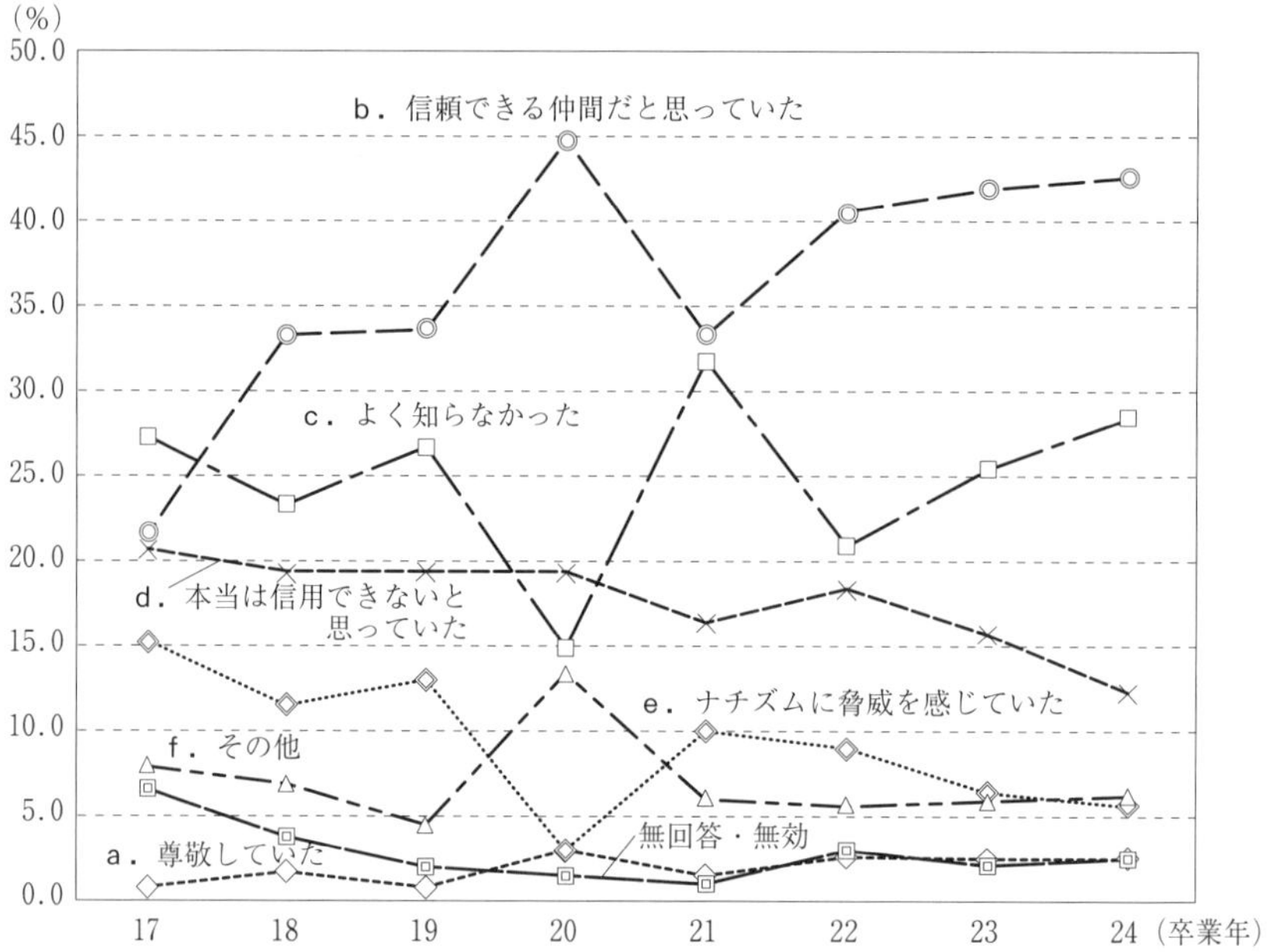
(%)
50.0
45.0
40.0
35.0
30.0
25.0
20.0
15.0
10.0
5.0
0.0
b．信頼できる仲間だと思っていた
c．よく知らなかった
d．本当は信用できないと思っていた
e．ナチズムに脅威を感じていた
f．その他
a．尊敬していた
無回答・無効
17
18
19
20
21
22
23
24（卒業年）

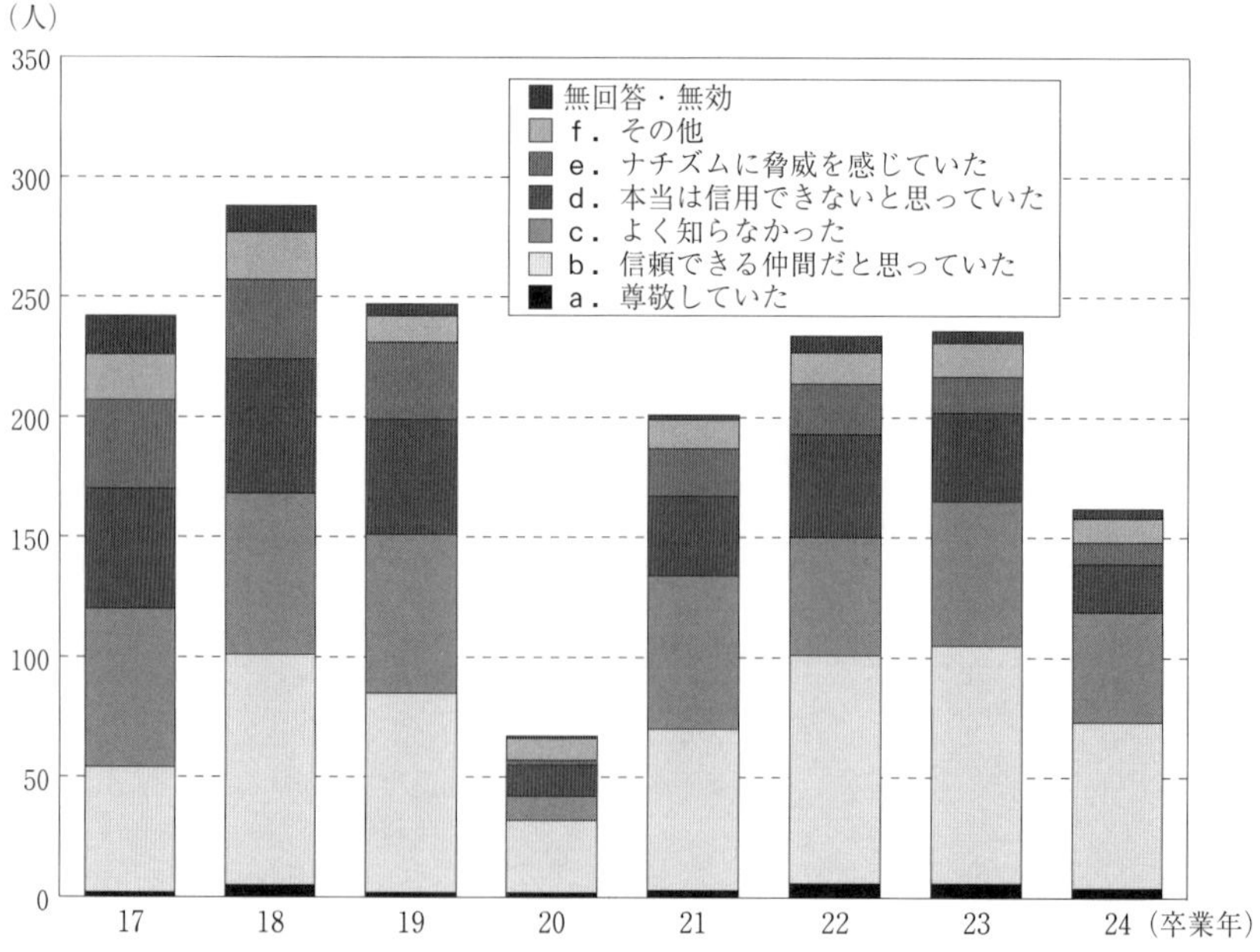
(人)
350
300
250
200
150
100
50
0
無回答・無効
f．その他
e．ナチズムに脅威を感じていた
d．本当は信用できないと思っていた
c．よく知らなかった
b．信頼できる仲間だと思っていた
a．尊敬していた
17
18
19
20
21
22
23
24（卒業年）

8．開戦時には、ドイツとイタリアについてどのように思っていましたか？

ａ．尊敬していた　ｂ．信頼できる仲間だと思っていた

ｃ．よく知らなかった　ｄ．本当は信用できないと思っていた

ｅ．ナチズムに脅威を感じていた　ｆ．その他

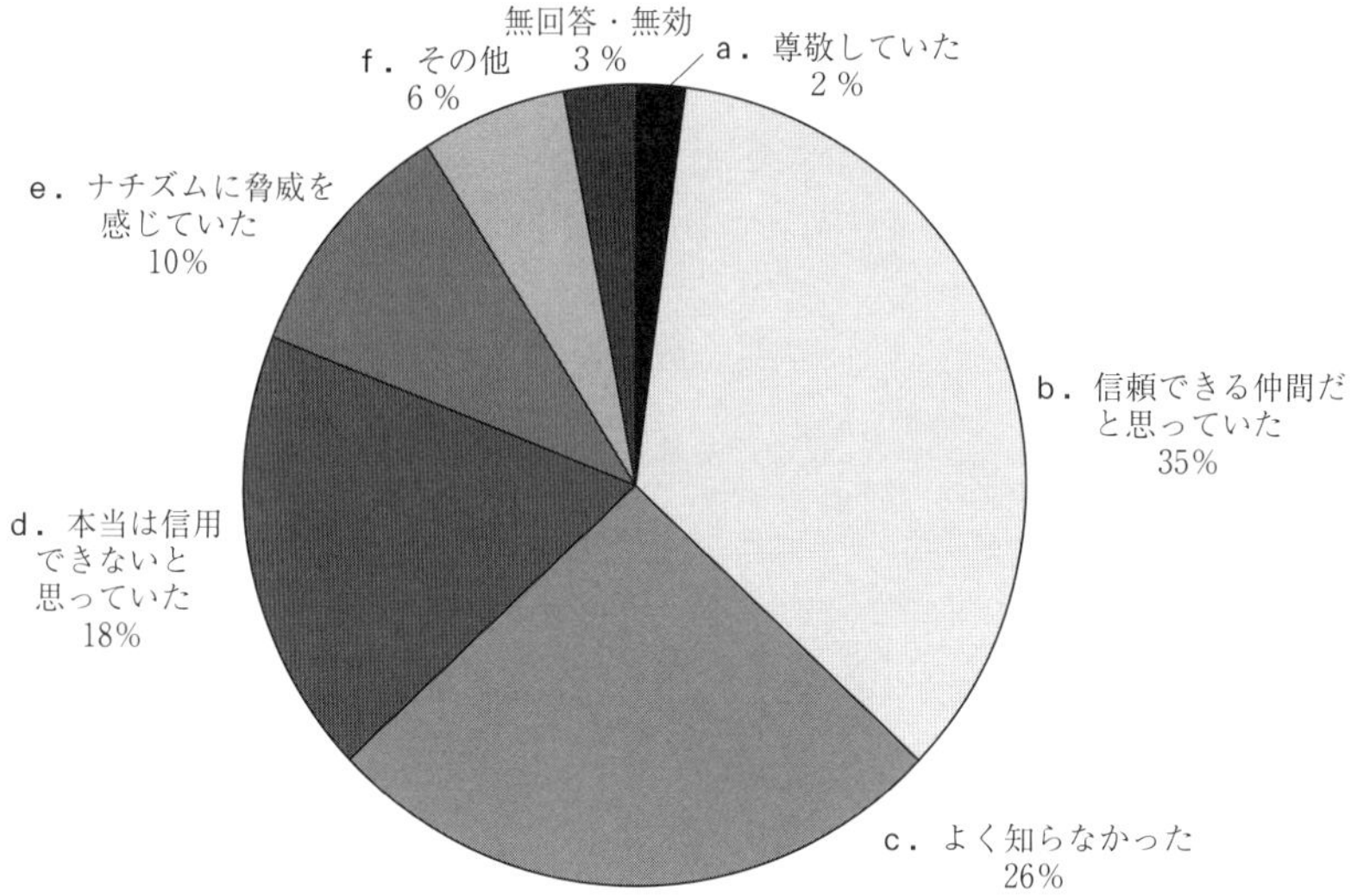

（　）内は％

卒業年	17	18	19	20	21	22	23	24	不明	合計
a	2 (0.8)	5 (1.7)	2 (0.8)	2 (3.0)	3 (1.5)	6 (2.6)	6 (2.5)	4 (2.5)	0 (0.0)	30 (1.8)
b	52 (21.5)	96 (33.3)	83 (33.6)	30 (44.8)	67 (33.3)	95 (40.6)	99 (41.9)	69 (42.6)	2 (50.0)	593 (35.3)
c	66 (27.3)	67 (23.3)	66 (26.7)	10 (14.9)	64 (31.8)	49 (20.9)	60 (25.4)	46 (28.4)	1 (25.0)	429 (25.5)
d	50 (20.7)	56 (19.4)	48 (19.4)	13 (19.4)	33 (16.4)	43 (18.4)	37 (15.7)	20 (12.3)	1 (25.0)	301 (17.9)
e	37 (15.3)	33 (11.5)	32 (13.0)	2 (3.0)	20 (10.0)	21 (9.0)	15 (6.4)	9 (5.6)	0 (0.0)	169 (10.1)
f	19 (7.9)	20 (6.9)	11 (4.5)	9 (13.4)	12 (6.0)	13 (5.6)	14 (5.9)	10 (6.2)	0 (0.0)	108 (6.4)
無回答・無効	16 (6.6)	11 (3.8)	5 (2.0)	1 (1.5)	2 (1.0)	7 (3.0)	5 (2.1)	4 (2.5)	0 (0.0)	51 (3.0)
合計	242 (100)	288 (100)	247 (100)	67 (100)	201 (100)	234 (100)	236 (100)	162 (100)	4 (100)	1681 (100)

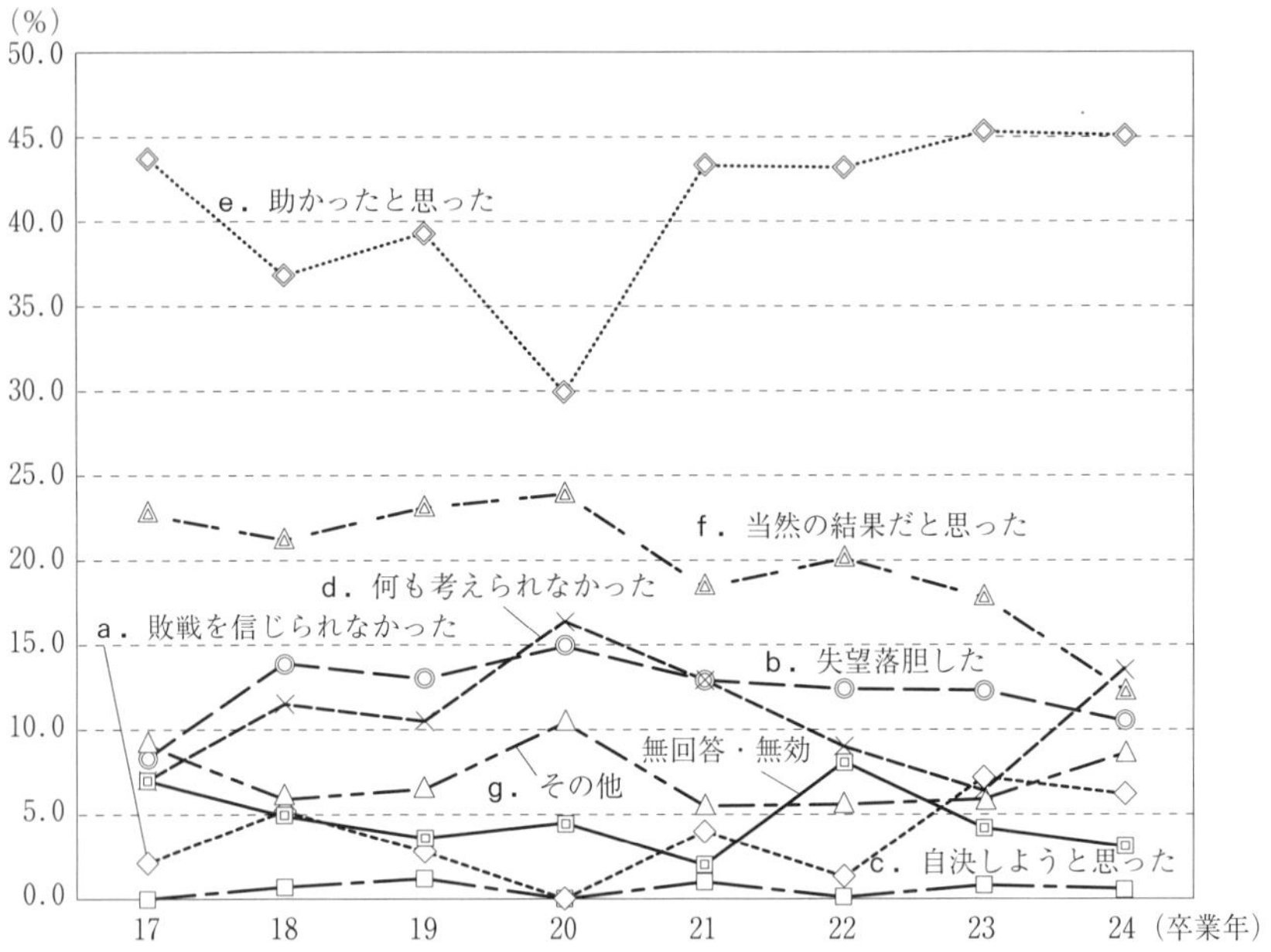
(%)
50.0
45.0
40.0
35.0
30.0
25.0
20.0
15.0
10.0
5.0
0.0
e. 助かったと思った
f. 当然の結果だと思った
d. 何も考えられなかった
a. 敗戦を信じられなかった
b. 失望落胆した
無回答・無効
g. その他
c. 自決しようと思った
17
18
19
20
21
22
23
24 (卒業年)

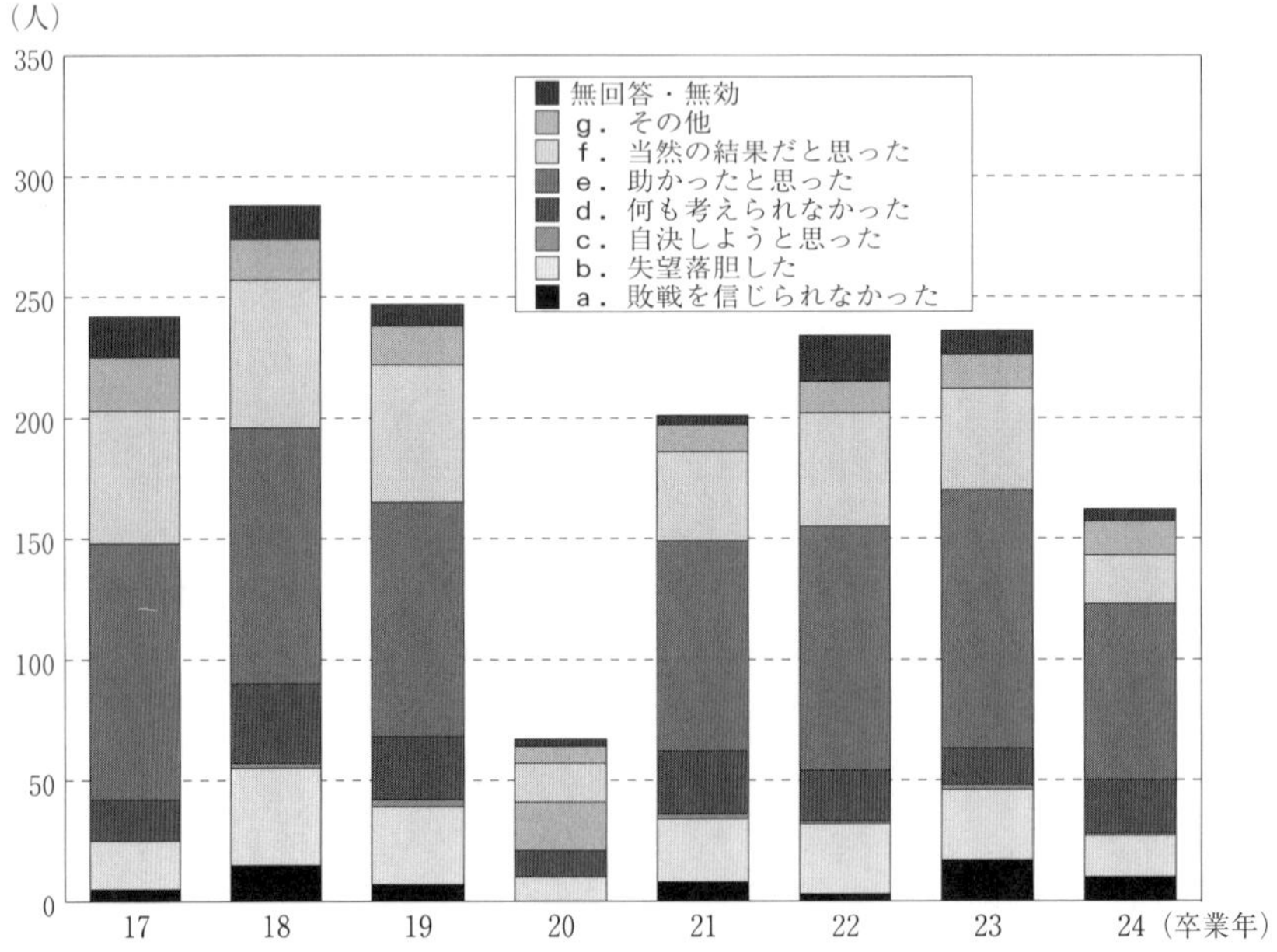
(人)
350
300
250
200
150
100
50
0
無回答・無効
g. その他
f. 当然の結果だと思った
e. 助かったと思った
d. 何も考えられなかった
c. 自決しようと思った
b. 失望落胆した
a. 敗戦を信じられなかった
17
18
19
20
21
22
23
24 (卒業年)

10. 敗戦の報を聞いて、どのように思いましたか？

a． 敗戦を信じられなかった b． 失望落胆した

c． 自決しようと思った d． 何も考えられなかった

e． 助かったと思った f． 当然の結果だと思った g． その他

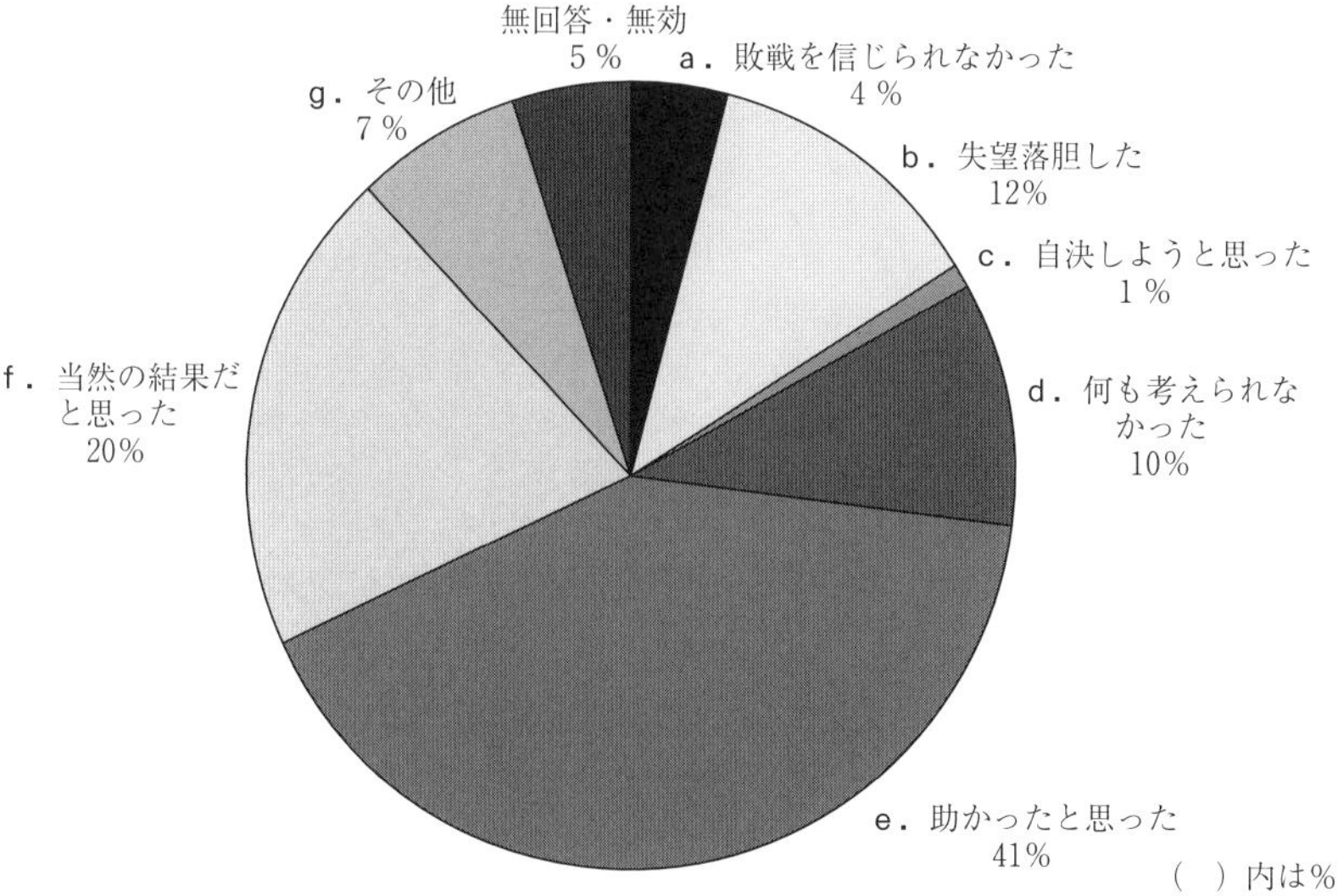

（ ）内は％

卒業年	17	18	19	20	21	22	23	24	不明	合計
a	5 (2.1)	15 (5.2)	7 (2.8)	0 (0.0)	8 (4.0)	3 (1.3)	17 (7.2)	10 (6.2)	0 (0.0)	65 (3.9)
b	20 (8.3)	40 (13.9)	32 (13.0)	10 (14.9)	26 (12.9)	29 (12.4)	29 (12.3)	17 (10.5)	1 (25.0)	204 (12.1)
c	0 (0.0)	2 (0.7)	3 (1.2)	0 (0.0)	2 (1.0)	1 (0.4)	2 (0.8)	1 (0.6)	0 (0.0)	11 (0.7)
d	17 (7.0)	33 (11.5)	26 (10.5)	11 (16.4)	26 (12.9)	21 (9.0)	15 (6.4)	22 (13.6)	0 (0.0)	171 (10.2)
e	106 (43.8)	106 (36.8)	97 (39.3)	20 (29.9)	87 (43.3)	101 (43.2)	107 (45.3)	73 (45.1)	3 (75.0)	700 (41.6)
f	55 (22.7)	61 (21.2)	57 (23.1)	16 (23.9)	37 (18.4)	47 (20.1)	42 (17.8)	20 (12.3)	0 (0.0)	335 (19.9)
g	22 (9.1)	17 (5.9)	16 (6.5)	7 (10.4)	11 (5.5)	13 (5.6)	14 (5.9)	14 (8.6)	0 (0.0)	114 (6.8)
無回答・無効	17 (7.0)	14 (4.9)	9 (3.6)	3 (4.5)	4 (2.0)	19 (8.1)	10 (4.2)	5 (3.1)	0 (0.0)	81 (4.8)
合計	242 (100)	288 (100)	247 (100)	67 (100)	201 (100)	234 (100)	236 (100)	162 (100)	4 (100)	1681 (100)

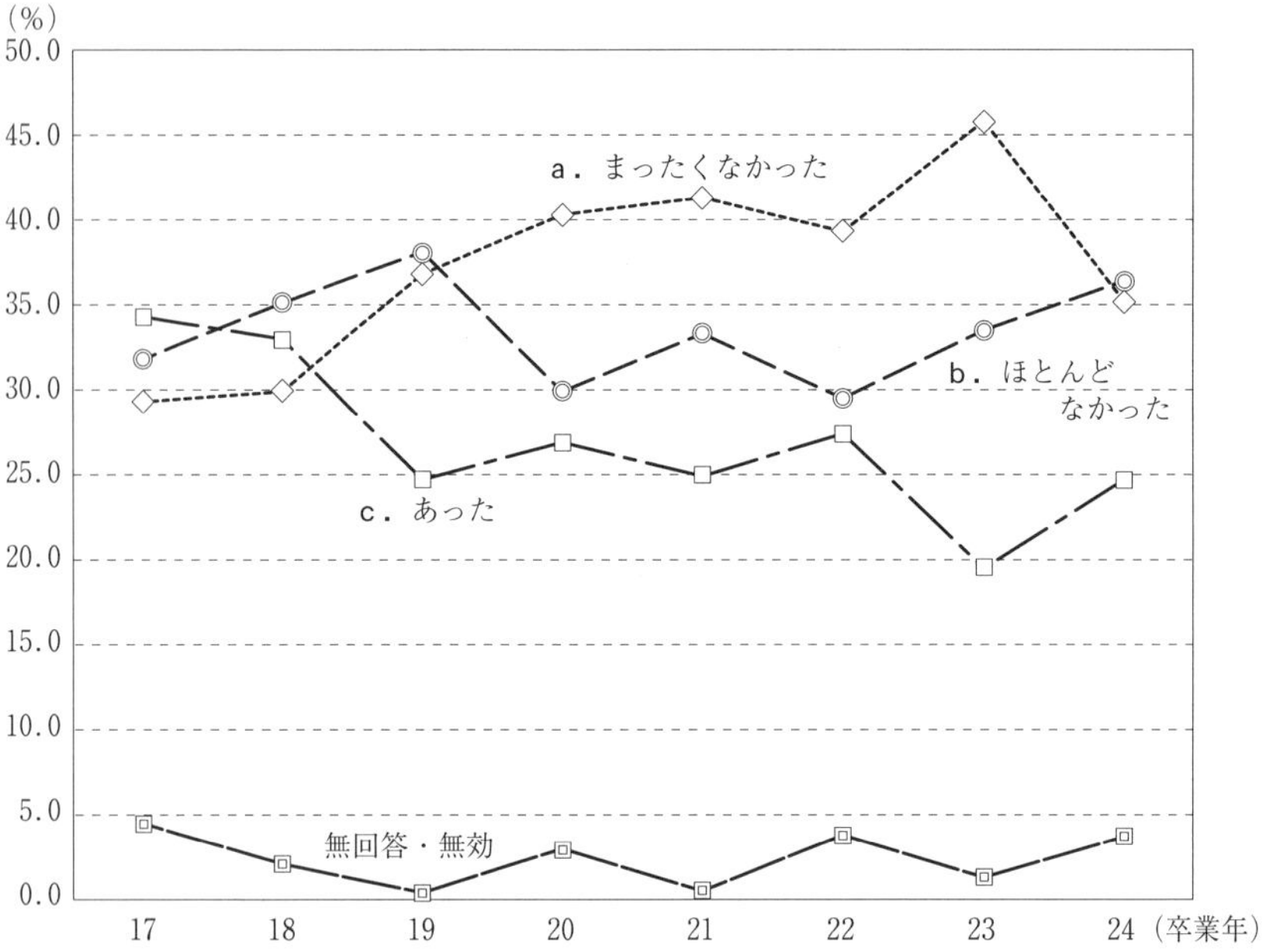
(%)
50.0
45.0
40.0
35.0
30.0
25.0
20.0
15.0
10.0
5.0
0.0
a．まったくなかった
b．ほとんど
なかった
c．あった
無回答・無効
17
18
19
20
21
22
23
24（卒業年）

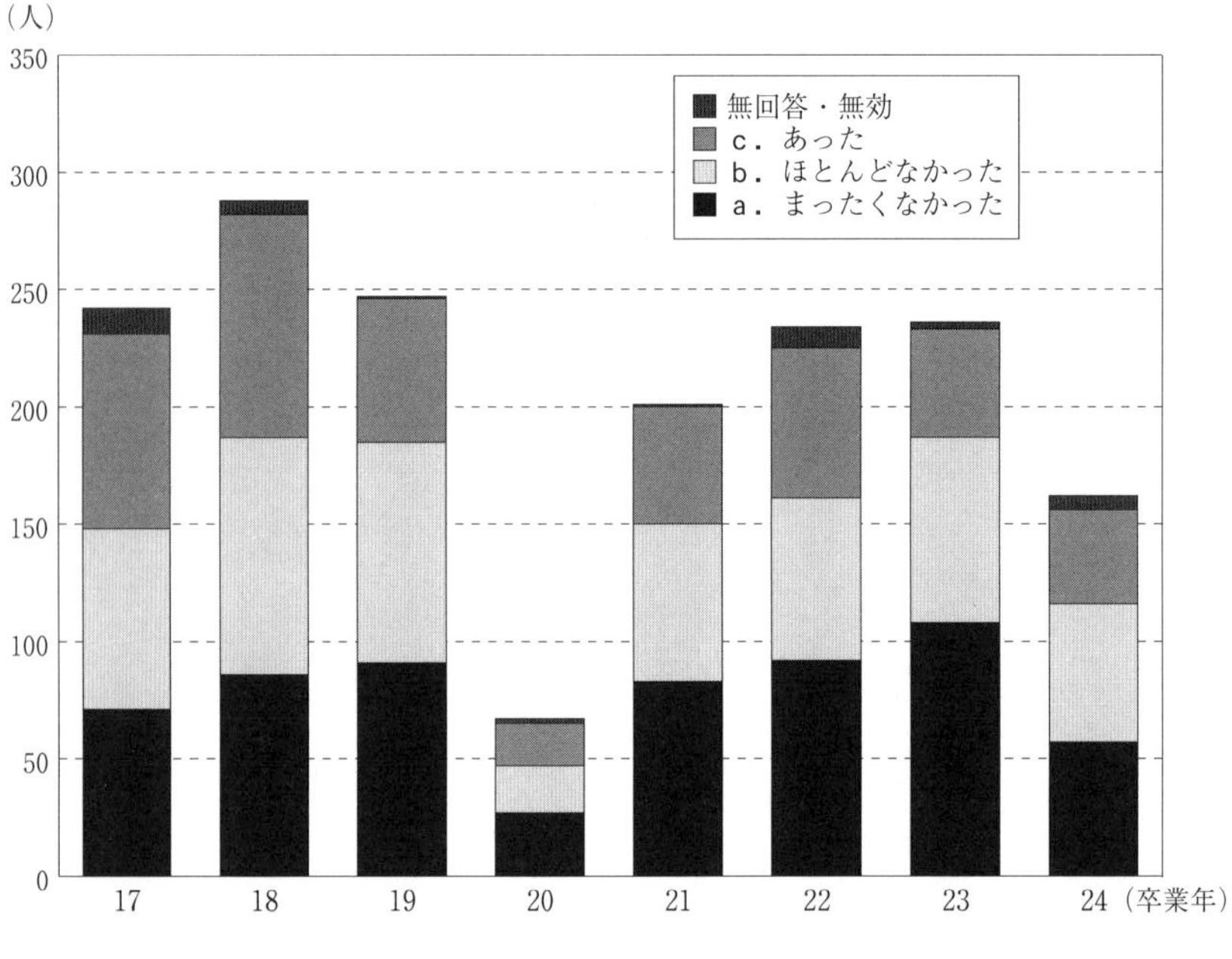
(人)
350
300
250
200
150
100
50
0
無回答・無効
c．あった
b．ほとんどなかった
a．まったくなかった
17
18
19
20
21
22
23
24（卒業年）

☆学生生活について

12.　女性との交際はありましたか？

　a．まったくなかった　b．ほとんどなかった

　c．あった（相手は、女子大生　近所の知り合い　店で働く女性　親戚

　　芸者　その他　　　　　）

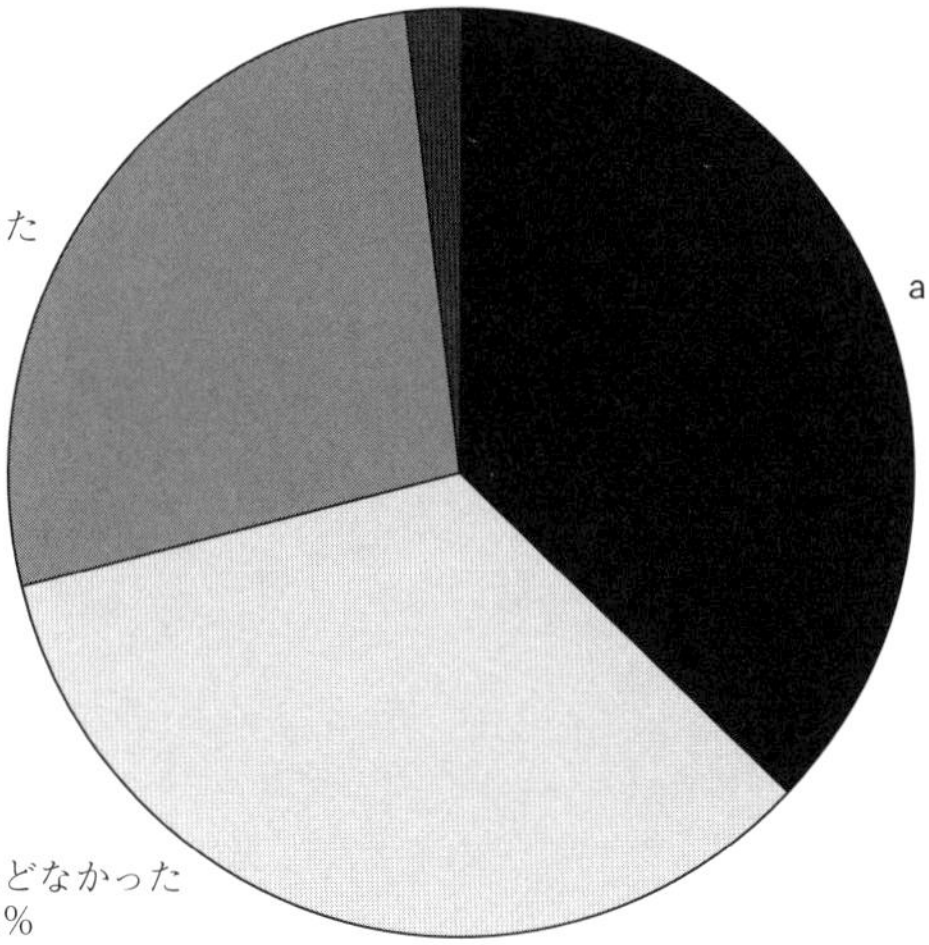

（　）内は％

卒業年	17	18	19	20	21	22	23	24	不明	合計
a	71 (29.3)	86 (29.9)	91 (36.8)	27 (40.3)	83 (41.3)	92 (39.3)	108 (45.8)	57 (35.2)	1 (25.0)	616 (36.6)
b	77 (31.8)	101 (35.1)	94 (38.1)	20 (29.9)	67 (33.3)	69 (29.5)	79 (33.5)	59 (36.4)	1 (25.0)	567 (33.7)
c	83 (34.3)	95 (33.0)	61 (24.7)	18 (26.9)	50 (24.9)	64 (27.4)	46 (19.5)	40 (24.7)	2 (50.0)	459 (27.3)
無回答・無効	11 (4.5)	6 (2.1)	1 (0.4)	2 (3.0)	1 (0.5)	9 (3.8)	3 (1.3)	6 (3.7)	0 (0.0)	39 (2.3)
合計	242 (100)	288 (100)	247 (100)	67 (100)	201 (100)	234 (100)	236 (100)	162 (100)	4 (100)	1681 (100)

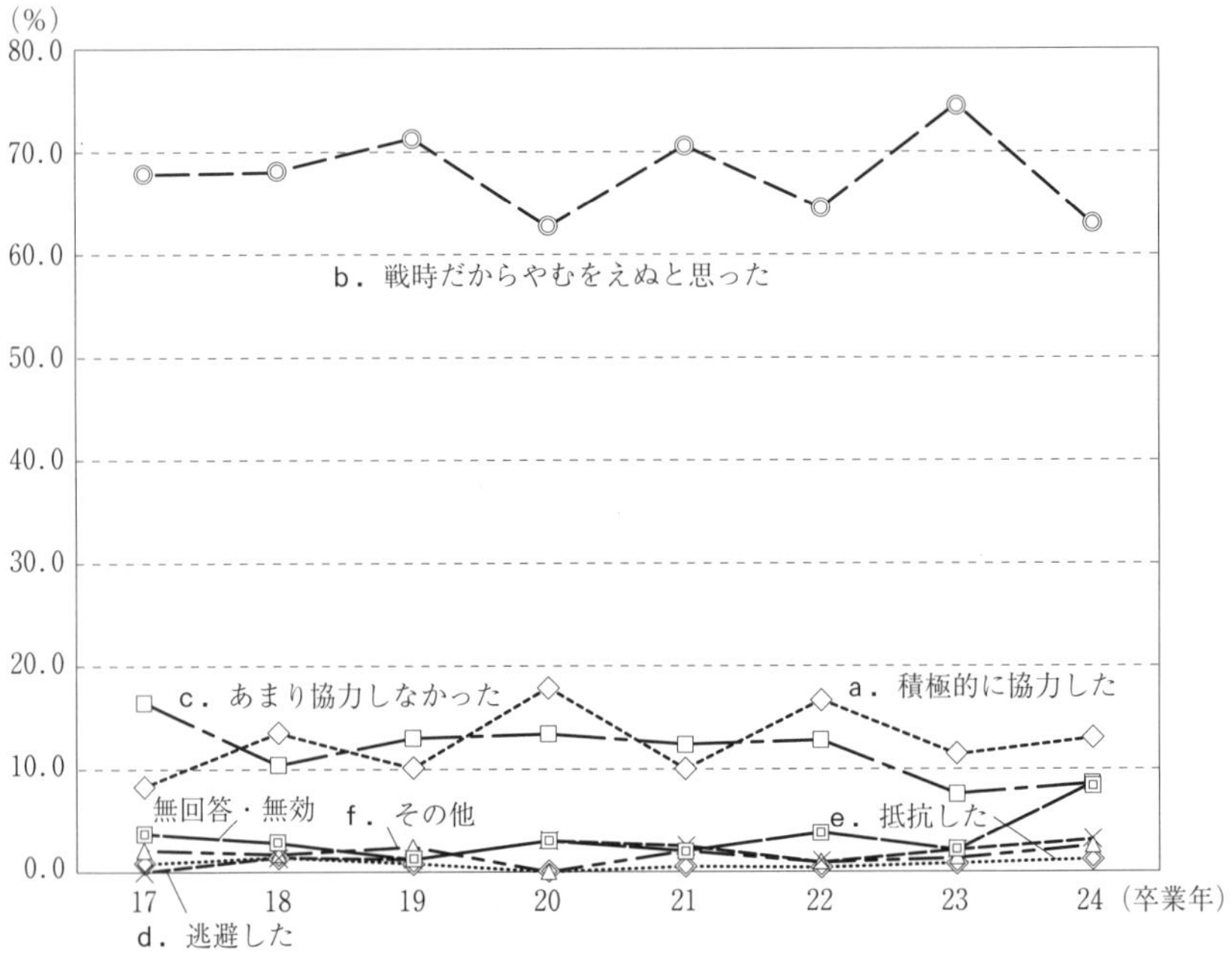
(%)
80.0
70.0
60.0
50.0
40.0
30.0
20.0
10.0
0.0
b．戦時だからやむをえぬと思った
c．あまり協力しなかった
a．積極的に協力した
無回答・無効
f．その他
e．抵抗した
d．逃避した
17
18
19
20
21
22
23
24（卒業年）

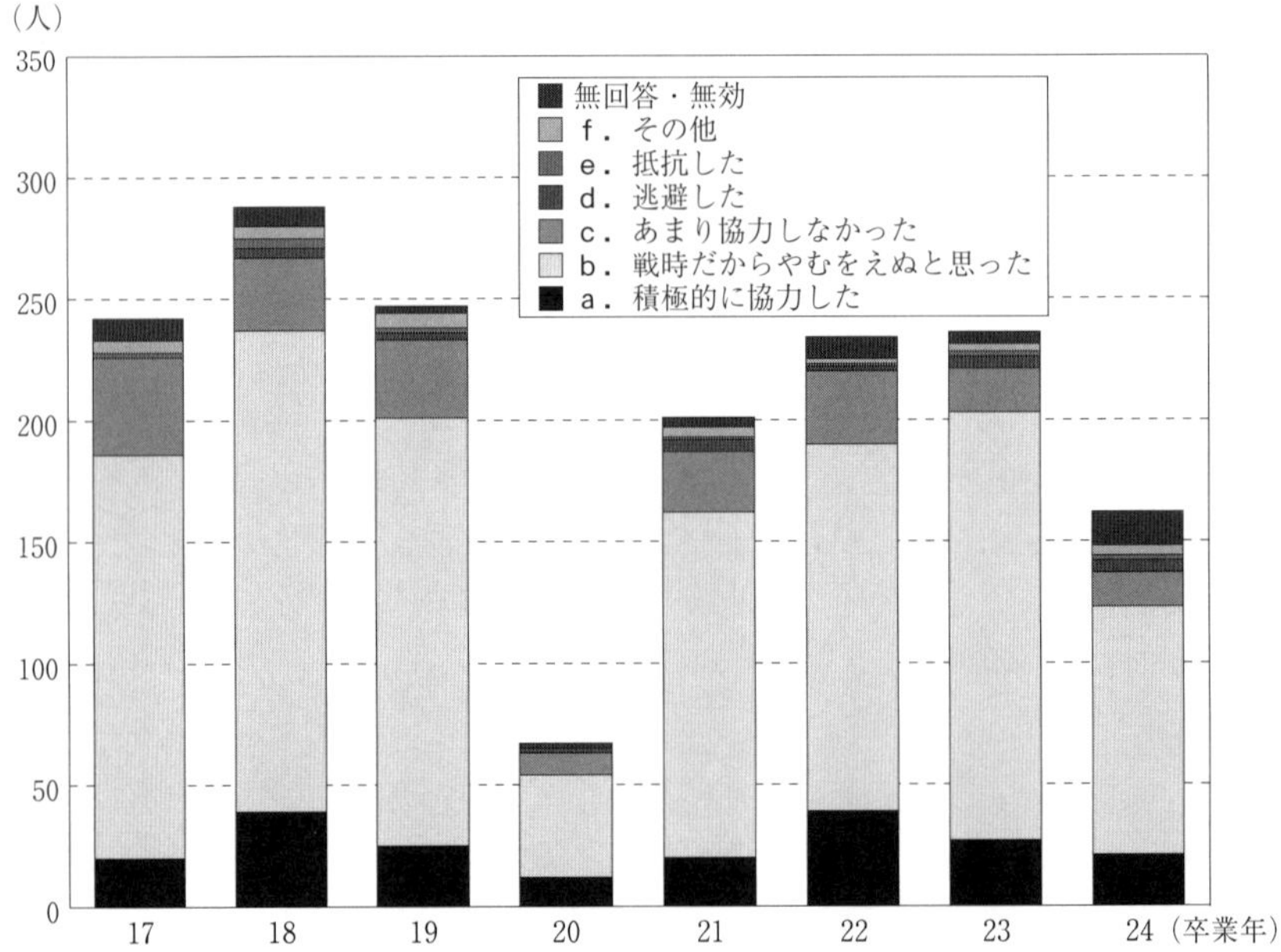
(人)
350
300
250
200
150
100
50
0
無回答・無効
f．その他
e．抵抗した
d．逃避した
c．あまり協力しなかった
b．戦時だからやむをえぬと思った
a．積極的に協力した
17
18
19
20
21
22
23
24（卒業年）

16.　教練、防空演習、報国団、服装取締、その他の戦時態勢についてどう思いましたか？

ａ．積極的に協力した　ｂ．戦時だからやむをえぬと思った

ｃ．あまり協力しなかった　ｄ．逃避した　ｅ．抵抗した　ｆ．その他

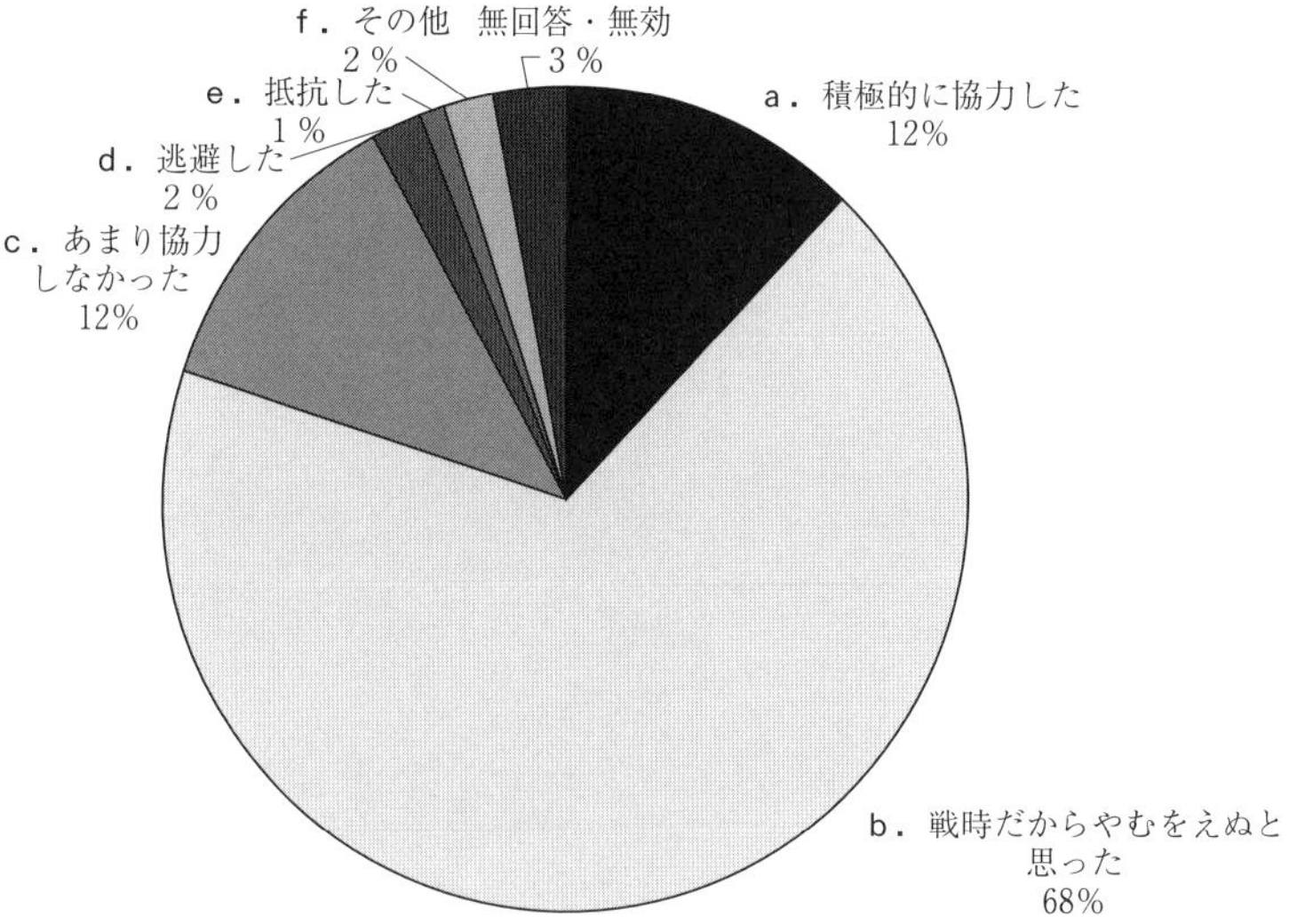

（　）内は％

卒業年	17	18	19	20	21	22	23	24	不明	合計
a	20 (8.3)	39 (13.5)	25 (10.1)	12 (17.9)	20 (10.0)	39 (16.7)	27 (11.4)	21 (13.0)	0 (0.0)	203 (12.1)
b	166 (68.6)	198 (68.8)	176 (71.3)	42 (62.7)	142 (70.6)	151 (64.5)	176 (74.6)	102 (63.0)	3 (75.0)	1156 (68.8)
c	40 (16.5)	30 (10.4)	32 (13.0)	9 (13.4)	25 (12.4)	30 (12.8)	18 (7.6)	14 (8.6)	1 (25.0)	199 (11.8)
d	0 (0.0)	4 (1.4)	3 (1.2)	2 (3.0)	5 (2.5)	2 (0.9)	5 (2.1)	5 (3.1)	0 (0.0)	26 (1.5)
e	2 (0.8)	4 (1.4)	2 (0.8)	0 (0.0)	1 (0.5)	1 (0.4)	2 (0.8)	2 (1.2)	0 (0.0)	14 (0.8)
f	5 (2.1)	5 (1.7)	6 (2.4)	0 (0.0)	4 (2.0)	2 (0.9)	3 (1.3)	4 (2.5)	0 (0.0)	29 (1.7)
無回答・無効	9 (3.7)	8 (2.8)	3 (1.2)	2 (3.0)	4 (2.0)	9 (3.8)	5 (2.1)	14 (8.6)	0 (0.0)	54 (3.2)
合計	242 (100)	288 (100)	247 (100)	67 (100)	201 (100)	234 (100)	236 (100)	162 (100)	4 (100)	1681 (100)

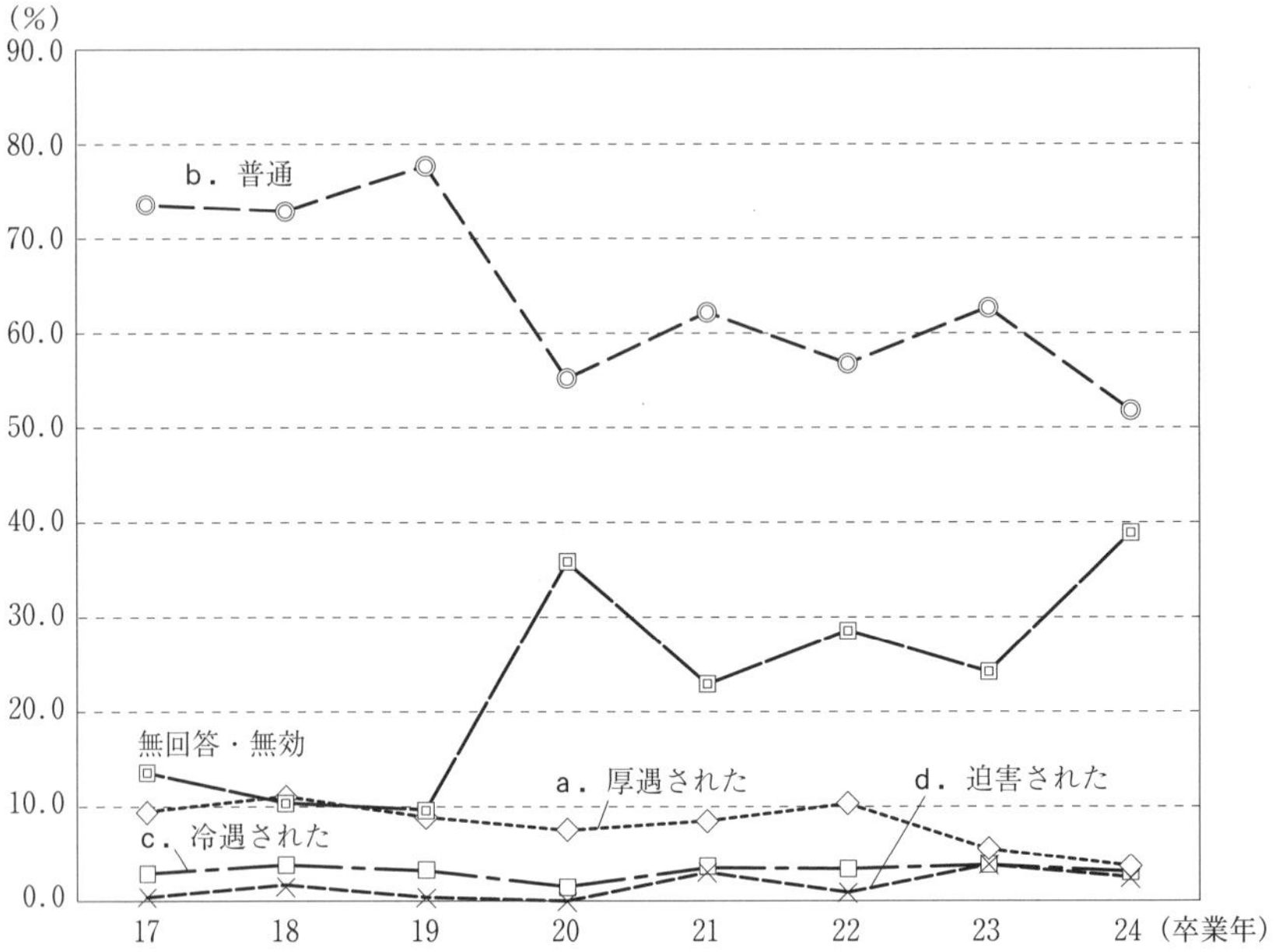
(%)
90.0
80.0
70.0
60.0
50.0
40.0
30.0
20.0
10.0
0.0
b．普通
無回答・無効
a．厚遇された
d．迫害された
c．冷遇された
17
18
19
20
21
22
23
24（卒業年）

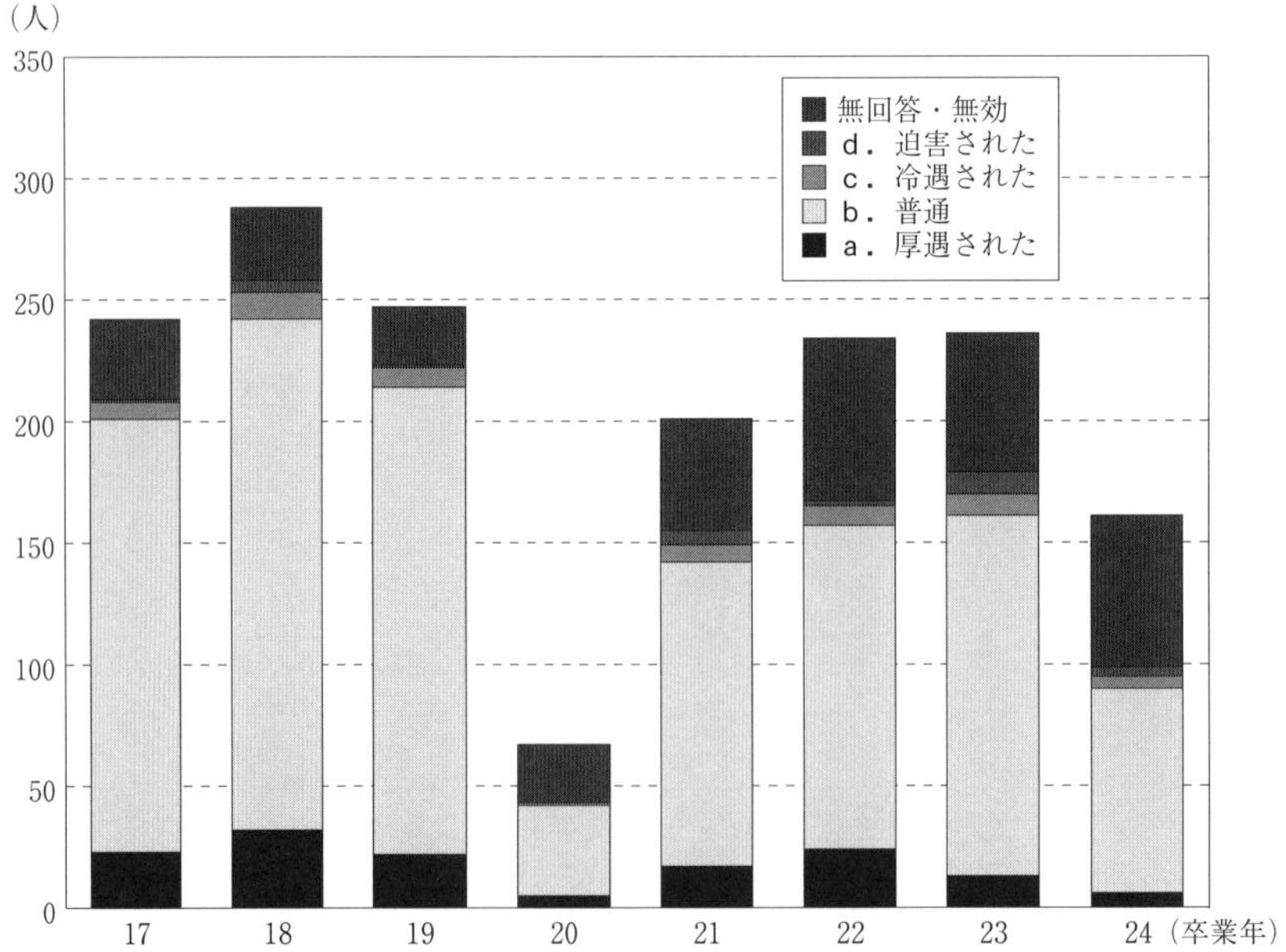
(人)
350
300
250
200
150
100
50
0
無回答・無効
d．迫害された
c．冷遇された
b．普通
a．厚遇された
17
18
19
20
21
22
23
24（卒業年）

☆軍隊生活について

23. 慶応の出身ということでどのように待遇されましたか？

a．厚遇された　b．普通　c．冷遇された　d．迫害された

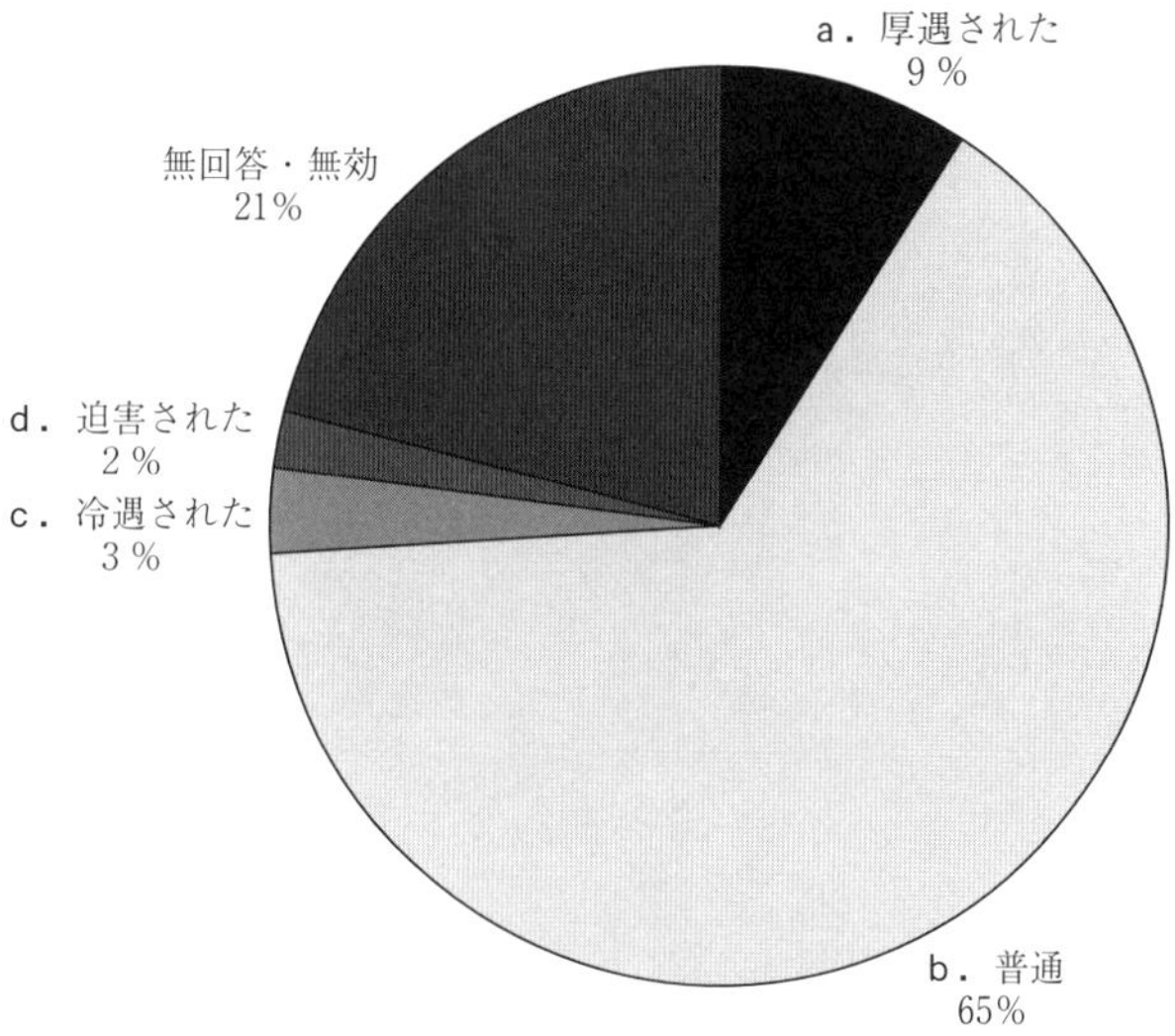

（　）内は％

卒業年	17	18	19	20	21	22	23	24	不明	合計
a	23 (9.5)	32 (11.1)	22 (8.9)	5 (7.5)	17 (8.5)	24 (10.3)	13 (5.5)	6 (3.7)	1 (25.0)	143 (8.5)
b	178 (73.6)	210 (72.9)	192 (77.7)	37 (55.2)	125 (62.2)	133 (56.8)	148 (62.7)	84 (51.9)	1 (25.0)	1108 (65.9)
c	7 (2.9)	11 (3.8)	8 (3.2)	1 (1.5)	7 (3.5)	8 (3.4)	9 (3.8)	5 (3.1)	1 (25.0)	57 (3.4)
d	1 (0.4)	5 (1.7)	1 (0.4)	0 (0.0)	6 (3.0)	2 (0.9)	9 (3.8)	4 (2.5)	0 (0.0)	28 (1.7)
無回答・無効	33 (13.6)	30 (10.4)	24 (9.7)	24 (35.8)	46 (22.9)	67 (28.6)	57 (24.2)	63 (38.9)	1 (25.0)	345 (20.5)
合計	242 (100)	288 (100)	247 (100)	67 (100)	201 (100)	234 (100)	236 (100)	162 (100)	4 (100)	1681 (100)

傾向

以上のアンケート集計は実に様々なことを語っているが、特に顕著な点のみを以下に略記する。

A．特に多い回答

この戦争は自衛のためやむをえぬ戦い
天皇は人間だと思っていた
大本営発表はだんだん信用できなくなった
開戦時には、独伊は信頼できる仲間だと思っていた
教練などは、戦時だからやむをえぬと思った
軍隊では慶応の出身でも普通に待遇された

B．卒業年による変化

早い時期に卒業した学生は大正デモクラシーの余香に接しマルクスを読んだりした例も多いが、軍国主義は急速に強まり自由は失われていった。卒業年があとになることにより変化する回答を示すと、

率が特に増大した回答

真珠湾攻撃の報を聞いて大感激だった
大東亜共栄圏の理想は立派と思っていた
天皇を尊敬していた
開戦時には米英をよく知らなかった
開戦時には独伊を信頼できる仲間だと思っていた
学生時代に女性との交際は全くなかった

率が特に低下した回答

真珠湾攻撃の報を聞いて、とんでもないことになったと思った

大東亜共栄圏はうわべだけの理想と思っていた

天皇には無関心だった

開戦時には、本当は独伊は信用できないと思っていた

敗戦の報を聞いて当然の結果だと思った

学生時代に女性との交際はあった

などである。「学徒出陣」世代では中学四年生の頃には日中戦争が始まり日独伊防共協定が結ばれ、予科三年の頃には真珠湾攻撃で本格的な戦時体制となったから、その影響は大きかったであろう。

以上の集計結果は、年齢の差、学部の違い、陸海軍の違い、天皇観の違いなどからもさまざまな影響を分析しうるので、重要な資料である。

文章回答からの抜粋

言論抑圧・大学の自治や学問の自由侵害について（質問19）

解　説

戦時下の学問・言論・思想の自由は特高警察などの国家権力によって徹底的に抑圧され、自由なはずの大学もその例外たりえなかった。あの戦争になぜ国民は無批判に「一億一心」で協力したのかは戦後の世代からしばしば問われるところだが、その答えの一つはほぼ完璧な情報管理と自由抑圧であろう。

言論の自由は早くから制限されており、一九一八年の『三田評論』一一月号には高橋誠一郎教授の「新階級戦争論」が問題となって発売禁止、検事局には執筆者と編集者を起訴する動きまであった（『三田評論』一九九八年三月号、四九ペイジ）。

慶応義塾大学三田情報センター編集発行の『慶応義塾図書館史』（一九七二年）によれば、昭和の初期から、日本の国体に添わないもの、国策遂行上有害なものと政府がみなした本は閲覧を禁止され、その数は増えた。一九四〇年には警察は社会主義関係などの文献を警察に供出せよと命じたが、当時図書館の監督であった高橋誠一郎教授の抵抗で、辛くも焚書を免れたという。慶大の図書館は公開であったため、思想問題で追われた他校の元教授達が慶大の図書館で勉強を続けた。そのことが四二年頃には〝警察の知るところとなり、私服の刑事が図書館玄関脇の神代杉の蔭にたたずむ風景も見られた〟（一六三ペイジ）。

その後学内での研究雑誌も不自由となり、戦時下では学生がつくる雑誌や新聞も弾圧された。一九四二年の『予科会誌』の応募小説は当局の注意によりカットされ、日吉寮の雑誌『椽』の編集委員は神奈川県庁に呼ばれ説論をうけた。『三田新聞』の編集部には三田警察署の特高が一人担当できて座っていた。主幹の昆野和七は、一九四三年には東京の検閲は厳しくなり、毎週警視庁に呼び出されて始末書を書かされていたと述べている（白井ゼミ主催「座談会・戦中戦後の『三田新聞』を語る」『近代日本研究』第一三巻参照）。

教室の中では「塾内にも塾生に化けた特高や憲兵がいて教室に入り込んで教授や学生の思想動向をチェックしていた。マルサスの『人口論』を読んでいたら、マルクスと間違えて捕まり「これは全然別人だ」と抗議したら、私服の憲兵伍長が「まぎらわしい本を読むな」と言った。……32番教室で机の上に土屋清著『日本経済史』（岩波版）を置いたら、私服憲兵に講義が終ったあとで、しつこく訊問された不愉快な体験がある」と倉田保雄は書いている。（「世界に向かって書く記者冥利」『塾』四号、一九八二年）。

今日では想像しがたいであろうが、比較的自由であった大学のキャンパスでもこのような状況であった。「アンケート」にも多くの事例が記されているので次に代表的なものを紹介する。

思想抑圧の事例回答

（一）大学内では

①授業にて

・当局の目を恐れて講義が味気無いものになっていった。客観的に正しく事象を表現できない講義が多々あった。

・「社会」という言葉は使われず、「厚生」という言葉を使うよう指示された。（例　社会政策→厚生政策）時局や軍部に対する批判は聞けなかった。

・教授が多少米国寄りの話をしたら、一学生が〝不謹慎な発言だ〟と叫び、教授は釈明に汗を流した。

②研究会（ゼミナール）にて

・シュンペーター等の「資本理論」の金融研究会における発表会には三田警察署の特高が出席・聴講していたので、次第に研究のポイントを他の方面に移し、ゴットル的流れとなってしまった。

・大正・昭和初期の労働運動についての研究発表を拒否された。

・研究会で論議している途中、先生から「学内での発言はそれぐらいにして下さい」と注意された。

・板倉卓造教授の自宅におけるゼミナールで、憲兵が先生の自宅の周辺をうろついているのを度々目撃した。

・卒業論文に「帝国主義の植民活動」を選んだところ指導教授から注意があり、内容を変更した。

③部活動にて

・福沢先生研究会のルームで山行きの相談をしていると、隣の部屋に三田署の刑事が来て様子を伺っているのはしょっちゅうだった。

・「集会の禁止」で「福沢先生研究会の夜話集（読書会）」もやめるようになった。

・弁論部にいただけで友人が警察に留置された。

・サークルの顧問をお願いした先生から、「君達は『文芸同好会』などという名前のサークルを作ったが、左翼の集まりじゃないんだろうな」などとしばしばいわれたことから、先生のほうへ警察がいろいろと聞きにきているのではないかと、その都度感じていた。

・社会学の研究会（サークル）で英語の原書の持ち歩きが危険ということで、また手に入らないこともあり、英文タイプに打って持ち歩いた記憶がある。

・仏教青年会で『法界』という文芸や随筆の雑誌を発行していたが、ある日三田警察署の特高係の人が来て、「無届で雑誌を発行してはいけない」と注意され、没収されたことがある。

・「三田署のものですが」と言って学生ルームへ私服の刑事が入ってきて備えつけのノートをめくってみたりして、感じが悪かった。

・部活動において、野球・テニスは柔道・剣道・弓道に何かと比較され、抑圧された。

④『三田新聞』にて

・三田新聞編集メンバーがマークされ、同級生が昭和一四年から一五年頃六本木警察署に二八日間拘留されていたことがある。

・三田新聞には三田署の特高がいつもやってきていた。別に危険な奴がいるわけでもないので、適当にあしらっていた。しまいには特高と一緒に品川に釣りに行ったりした。

⑤その他

・塾生の中には陸軍中野学校出身者がいて、教授や学生の動向を調査した。

・昭和十年の頃、長兄が普通部と商工部の恒例の運動会で、応援の旗（普通部は赤、商工部は緑）を持っていたら、巡査に呼び止められて共産主義者と間違えられた。

・軍事教練強化、軍人横暴、教授軽視（軍人が偉く、学者は無能で役に立たない）などの風潮に、級の有志が教授を後押しするため、教授の生い立ち、業績などを冊子にして配った。これが学校内の教練担当の軍人の教員にもれ、級毎に教練終了後厳重な調査・注意を受けた。

・卒業の日、「慶應義塾から自由の旗が消え、鉄砲現わる」と言うビラが貼られたことで、卒業生はみな大講堂に集合させられ、配属将校は目の色を変えて首謀者捜しに懸命になっていた。

（二）下宿では

・『資本論』等、下宿に置いては危険な本を、自宅通学をしていた関係で預かってやったりした。

・下宿へ時々警察が巡回することがあったが、個室に侵入することはなかった。

・特高が学生の思想チェックのため所持する書物を調査するので、河合栄治郎著の『社会政策原理』、『社会思想家評伝』などを隠した。

・昭和十六年、十七年頃、天皇行幸の際、事前に私服刑事が学生専門の下宿屋を臨検し、左翼系書籍の摘発を行った。

・友人の下宿に特高がやってきて、書棚にマルクス経済学の本があるというだけで連れていかれ、取り調べを受けた。彼は三日間留置された。
・昭和十七年頃だったか、友人の下宿（現東急都立大学前）で談笑をしていた折、突然警察（私服、特高？）が入ってきて、「どんな本をお読みですか」と本棚をじろっと見ていった。
・特高は学生の下宿の書籍・所持品・荷物等の検査を行い、マルクス・エンゲルス・ロシア文学書等を持っていれば所轄署へ連行して執念深く調べた。警察はこのような状況の中で学生の密告者作りに力を入れた。
・下宿で五、六人の同級生と集まっていたら、特高に踏み込まれた。
・太平洋戦争の始まる直前、三田聖坂下の下宿屋にいた。十二月に入ってすぐの寒い日の早朝六時前、突然私服の刑事二人が入ってきた。本棚をあさり、五、六冊の本を持ち出し、三田署まで同行してくれという。そしてそのまま連行され、特高刑事によって休みなしに夜八時まで調べられた。その特高刑事は「今日はこれで帰ってもらうが学校とも連絡を取るし、君の前の下宿を調べるから」という。その日学校へ行って教授に連絡したら、「あの連中とは顔馴染みだし心配することはない」といわれた。その後何の音沙汰もなく終わったが、本は戻ってこなかった。

(三) 学生狩り？

・赤いマフラーをしていただけで警官に文句を言われた。
・太平洋戦争開戦前のことだが、新劇見物にでかけると警察に尾行・連行されるからと友人から注意を受け、控えた。
・銀座を女性と歩いていただけで京橋署に連行され、一晩拘留された。

・銀座から渋谷方面に向けて散策中、警察に同行を求められ、警察に一晩泊められた。又、マルサスの『人口論』をマルクスと間違えられ、没収された。

・女友達と散策中、私服刑事に捕まって交番に連れ込まれた、「学生の徴兵猶予の特典を取り消してやる」と言われた。

・昭和十六年頃銀座の喫茶店で紅茶を飲んでいて警察に連れていかれた。この非常時にけしからんということでお説教を受けた。

・妹と銀座を歩いていて築地署に引っ張られたことがある。署内に剣道の知り合いがいてすぐに放免されたが、腹がたったので海軍少尉に任官後、その失礼な巡査をぶん殴った。

・昭和十七年になると学生服でのビアホール等の出入りは禁止され、何となく肩身の狭い思いをした。

・新橋の喫茶店の二階で劇研の集会をしていたところ、官憲に踏み込まれた。

・バーで飲んでいると、「お前等と同年の仲間が戦っているのにこんなところにいていいのか」と私服警察官に怒られた。

・通学時、横浜駅で従妹の女子大生と話していたら、警察から注意され、大変不愉快な思いをした。

・ピンポンをして遊んでいても警察の学生狩りにあった。喫茶店等でも同様で、二年先輩のいとこが喫茶店で捕まりそうになり、彼は椅子で警察官を殴って逃げてきた。

・数人のガールフレンドと交際していると警察に密告され、再三派出所に呼び出され、その都度警察官に殴り倒された。

（四）車内・旅先では

・山手線内でドイツ語の原書を読んでいると、私服の男から叱責をうけた。
・バスの中で若い女性にレーダーの話をしていたら、警官に叱られた。
・春・夏・冬の休暇に帰省すると列車の中に特高が乗り込んできて、カバンを開けさせられ、書籍やノート類をたびたび調べられ不愉快であった。
・汽車の中で写真機を持っていたら、私服の憲兵に「窓の外の景色を撮ったら、承知しないぞ」と言われた。要塞地帯と指定されたところでは写真を撮ることは許されなかった。
・昭和十八年頃、中国からの留学生と山中湖に旅行した折、ホテルの宿泊名簿を見た特高から質問を受けた。その間ずっと私服特高に尾行されていた。
・地方からの就学生は、春・夏・冬の休暇で往復する列車の中で特高から所持品検査を受けた。特に東海道、山陽本線は朝鮮・満州・台湾からの学生が多かったので、思想調査が厳しかったのではないかと思う。東海道本線では、静岡～豊橋間あたり、山陽本線では神戸～岡山間あたりでよく検査があり、社会主義関連の書物等を持っていれば身柄を拘留され、取り調べを受けた。
・九州へ級友と二人で旅行したとき、随伴していた私服の特高刑事から汽車のデッキに呼び出され、荷物を調べられた。『中央公論』・『文藝春秋』等を見て思想犯だといい、行動をずっとチェックされた。
・昭和十六年春、九州旅行をした折、八幡製鉄所の前を列車が進行中、車内で特高に色々取り調べを受けた。
・佐賀の家に帰省の途中、特急「さくら」の指定席にいてケインズの『一般理論』を読んでいた。岡山辺りから乗ってきた隣の席の男が私の本を見て手にとり、「これはお前の本か」と質問された。マルクス理論と関係のある本かどうか調べ、私に関する個人情報を聞き出し、もし疑いがあればただでは済ませない姿勢であった。いやな世の中になったと思った。

・電車の中で赤い表紙の本（内容は思想と無関係）を持っていて、刑事に尋問された。

（五）図書の弾圧

・日吉駅の向う側にあった古本屋の店主（四五歳位）が禁書を売って捕ったらしく、釈放後はおびえにおびえていた。

・マルクス関係の書に大変興味を持ち大いに感激したが、神田の古本屋でもマルクス関係の古書の買い求めは極めて難しくなっていた。

・アメリカに関する書物（原書も）が少なく、専ら三田図書館・上野図書館に出向いて学ばなくてはならず、不自由であった。

（六）軍隊では

・軍の学校への入校にあたり、思想動向等の調査があった。

・　昭和十九年、山形での徴兵検査のとき、岩波文庫『シャーロックホームズの冒険』が見つかり、文句を言われた。

・学徒兵として習志野戦車隊第一中隊に入った直後、教官から「福沢諭吉という奴は、日本に自由主義を導入した国賊である。そんな国賊学校を出た貴様をこれから徹底的に叩き直してやるから覚悟せい」と言われた。

・予備士官学校における中隊長の修身教育中、慶応義塾の出身者のみ自由思想の教育を受けたという理由で竹刀で打たれた。

（七）その他

・山歩きのために必要な地図の購入で特高の許可を受けた際、かなりいやな質問を受けた。
・戦争末期、一流新聞が三田図書館の〝自由の女神〟のステンドグラスをとりあげ、これをとりはずすことを論じていたことを記憶している。〝ペンは剣よりも強し〟という考え方は総力戦の遂行を妨げるもの、というわけである。
・戯曲の上演は警察から事前に検閲を受けねばならず、出征の年には上演不能にされた。
・音楽についての厳しい制限があった。取り締まる警察官はどこの国の曲かわからないため、たとえドイツ、イタリアの曲を聞いていても確かめられたことがある。
・カトリックであったため特高警察などで調べられたが、特にひどいことはされなかった。

軍隊生活の体験のうち、特に今の学生に知ってもらいたいこと（質問24）

質問に対する回答が最も多いのはこの問である。解答欄からはみ出し、さらに別の紙まで付けて熱心な文章が綴られた。戦争を謳歌するものはないが軍隊の規律や滅私奉公の精神を懐かしみ、戦後経済を復興した自信を思わせるものが目立った。戦後の若者達の無気力、無責任、無規律を苦々しく思う経験が多々あったのであろう。

○今の若者も一度は体験すべき

・映画やテレビドラマ等の「戦争もの・軍隊もの」は、殆どが自虐的史観によって描かれており、「万難にも堪える目標達成のための猛烈な集中力」は軽視、無視されているのは残念。あの体験は一度はすべき……。

・上官の命令には絶対服従、あらゆる階層の人々との裸のつきあいは、六か月程度は今の学生にも必要。

・一年位は、キビシイ集団生活をやってみる必要がある。助けあう事を覚える（二年は要領を覚えて不可）。

・自分は陸軍で特に制裁が厳しかった。然し、現在の一部の青年たちの姿を見て、このような精神道場のようなものに収容して鍛えることもあながち無駄ではないだろう（但し半年位）。

・軍隊でする程度の体力の鍛錬や国家を考えることは、ある時期に必要ではないかと思う。

・当時は嫌な思い出も多かったが、この年になればなつかしい思い出である。一つ言えることは、自分一人の力（体力・知力・才覚）で生き抜いたことである。特に初年兵の六ヶ月位は今の学生にも体験させたい。

・現今の青年を見ている時、日本でも最低二年間徴兵が必要。戦争目的ではなく、団体生活、協同生活の訓練が必要だから。このままふやけた青年が充満すれば、日本に未来はない。

・私は召集で星一つ（二等兵）として入隊しました。兵隊は大学出もお百姓さんも差別がありません。全員〇（ゼロ）の状態から訓練が始まります。今まで、いかに周囲の環境とかコネに頼って生きてきたか、を痛感した次第です。若い人も時々ゼロの状態に立って考える必要があるのではないでしょうか。

・初年兵時代、一日二四時間全く自分の時間というものがない。寝ている間も自分のフンドシを自分の体温で乾かすという位であった。仲間の欠点で全員がリンチを受ける。事の善悪は別として、一生に一度若い時代に体験しても無駄ではない。

○良い体験、経験であった。

・学歴や職歴など一切のものがはぎとられて丸裸の人間の生活に投入される初年兵の体験は貴重だった。
・校風気風を異にする学生の集まりである陸軍経理学校の生活は、益されることが多かった。
・自由をうばわれる経験も若い時代にはあった方がよい。一〇〇%の自由は存在しない。
・初年兵の生活は、精神的・肉体的に生きていけるギリギリの生活に身を置いて、生とは何か、死とは何かを考える良き道場だったと思う。この間に人生観、宇宙観が固まってくる。ちょうど修行僧が苦行によって悟りを開くのに似ている。
・初年兵（六ヶ月）教育は、集団教育の何たるかを教え、肉体精神不屈の錬成は、有意義であった。然し、他国と交戦し、互いに殺戮することは、絶対あってはならない。
・「規則正しい生活をする」という一点だけは良い体験だったと思う。戦争を目的として軍隊を持つことには、絶対に賛成できない。
・軍隊生活には、普通には人間性を無視した理不尽な暴力や規律があるが、自由とか平和の本当の意味が理解できるのは、ある一定期間にそれ等を体験することによってである。
・厳しい軍隊生活の体験により、日本軍の強さは、人間としての誇りや人格の尊厳を徹底的に叩き潰され、野獣に還った強さであると思った。然し、いまの学生諸君が確固たる自己を確立されるためには、厳しい自己規制を伴う団体生活、ボランティア活動とか、海外青年協力隊の活動とかについて、一〜二年の体験を積まれた方がよいのではないかと思う。

・若い時に集団生活が必要である。全体の一点として自分を見て、権利の影に義務を知る。徴兵制度は採らないが、二〇歳前に一ヶ月位の団体生活を課したい。レパートリーは、農業、工業、商業、スポーツｅｔｃ。兵隊ゴッコも入って宜しい。

・海軍の教育は、今よりむしろ真の自由主義的な面が多かったし、中庸であったし、当時の慶応義塾の教育の方が暗かった。

・私達が軍隊に入ることとは、戦争に行くことで死と直面していました。しかし、その死は天皇の為のものではなく、祖国を守る自衛のためのものと考えていました。国なくして何ができるでしょうか。祖国を守るには、軍のような組織はどうしても必要だと思います。

○軍隊生活がその後の人生に与えた影響

・どんな苛酷な生活にも立派に耐え、肉体的に自信を得た。

・体力と気力の限界を体得出来た事、並びに礼節、整理整頓の習慣がつけられた点は、軍隊生活も強ち無駄ではなかった。

・初年兵の六ヶ月間は、「いじめ」に耐えるのみだったが、それに耐えたことにある種の誇りを感ずる。

・終戦後凡ゆる面でガマンが出来た。今の若い人はガマンが不足の上、３Ｋを回避するなどもっての他である。

・「雄の本能」―戦うこと、家族を守ることを教えられ、身につけることができた。現在の「平和ボケ」

は嘆かわしい。若者は利己主義、協調性なくカネ万能、男女同権に毒され、その上ぶしつけ。とくに先輩を尊敬しない。体育会でさえ伝統を失いつつある。

・戦友が死亡、生命のはかなさを知った。

・私達は自分が死ぬ、上官が死ぬ、部下が死ぬ、その時どうすべきか、これが頭から離れたことはなかった。時々、こんなことを考えてみるのも無意味ではあるまい。

・陸軍経理学校の教育で精神的、肉体的限界まで鍛えられ、逆境に立たされても自己を見失わない術を身につけたと思う。

・部活などで共同生活するのと異なり、社会人として生活するにはもっと厳しい規律を守らねばならないが、これを体得するには軍隊生活は現在大いに役に立っております。現在の戦友会における諸兄の行動は、自分でも感心する程模範的です。

○今の学生に覚えておいて貰いたいこと

・私が教育召集されたのは中国駐屯の野戦部隊で、宿舎は中国農民の家屋でした。今もあの部落に住んでいた農民のことを思えば胸が痛みます。中国全土では何百万人もの中国人が被害に遭ったのでしょう（敗戦後は、全く何の報復的行為も受けず日本に帰りました）。

・指導者の無知と暴力指向が、あれほどの大事を引き起こした。湾岸戦争も同じく、われらが嫌悪すべきは無知と暴力である。これに加えるに、集団ヒステリー状態をつくり上げる邪悪な権力者である。例えそういう中にあっても、世の動きを冷静に見守れる高度の知性の涵養こそ、塾も含めた大学に課せられた最大の使命と思っている。

・経験からして戦争はしてはならない事は現在充分判って居るが、戦争の渦中に入った時は戦争罪悪論は成立しないはず。

・教育隊（二〇年四月～二〇年八月）の間は、ドイツの降伏の日と広島原爆の日の新聞を見ただけで、全く世の中と隔絶された。

白井ゼミの展示を見る大先輩たち

8月15日を中心に4年間毎年図書館内の2カ所で行われた展示は、通信教育部の夏期スクーリングの時期のためこれに出席した学生たちにも戦争の歴史を伝える重要なメディアとなった。展示されたものは軍隊生活を体験した大先輩から提供されたものが多く、当時の写真の中に戦死した学友の顔を認めて涙ぐむ姿も見られた。

ゼミ主催の講演会の日などは大勢の大先輩が集まり、展示品の解説文をめぐる議論の中から新たな事実が発見された例も多い。

付属資料

戦没者調査概略

使用資料・方法	発表手段	戦没者数	慰霊碑・行事などの特記事項
如水会の資料 各学年幹事の報告	『第二次大戦と一橋』一橋大学学園史編纂事業委員会、1983年	672名	
学内資料 校友会所有の33万人のカード 遺族・一般人・諸機関よりの情報	『早稲田大学学報』1985年（4月、5月、6月、7月号）	4443名	平和祈念碑（1990年10月21日） 戦没者名簿を碑の中に置いた。 教職員・校友は卒年、在学生は入学年で分類
外部資料より作成	『明治大学史紀要』6号、1986年 13号、1995年	291名？	明治大学教務課に学徒出陣「陸海軍部隊・入隊・入団記録」あり。1943～45年迄
慶応義塾関係戦歿者英名録（1943年11月2日） 医学部・体育会その他学内団体の戦没者リスト 『三田評論』1962年（5月、6月、10月、12月号） 各年度三田会名簿 外部資料、個人情報 塾員カード（約2万枚） 学籍簿	『共同研究·太平洋戦争と慶応義塾』慶応義塾大学出版会、1999年	2165名	合同慰霊祭（1943年） 「平和来」青年像除幕（1957年12月1日） 「還らざる学友の碑」1998年11月7日除幕
同窓会名簿による郵便、電話の問い合わせ 『青山学報』などに記載されている各種戦没者名簿	『青山学院と出陣学徒—戦後50年の反省と軌跡—』雨宮剛、1995年	302名（98年8月に10名追加）	戦災死22名を含む。
東大が行なった3回の慰霊祭による名簿 東大卒業生有志団体の遺稿集 高等学校同窓会、東大各学部、旧陸海軍関係団体の名簿・出版物	『東京大学の学徒動員·学徒出陣』東京大学、1997年	1652名	1941年「英霊記念室」の設置（現在は大学史史料室にて保管） 医学部の鉄門倶楽部慰霊祭 戦没並びに殉職者慰霊祭（1941・43・46年）
学籍簿 教務に届出のまま消息を絶った1800人を本籍に照会	『中央大学在学中戦歿者名簿』1955年	401名	戦没学徒の慰霊祭（1993年10月9日） 戦没者名簿を献納した。 ピースファイアを掲げて駿河台記念館から多摩校地まで行進。

諸大学における

大学	調査者	調査時	戦没者の対象
一橋大学	一橋大学学園史編集事業委員会	1983年3月31日終了	日支事変～終戦迄 終戦後の収容所・刑務所・病院での死亡者も含む
早稲田大学	早稲田大学 大学史編集所	1985年2月末終了	満州事変～太平洋戦争 教職員（元を含む）、校友（中退者、工手学校卒を含む） 在学生、軍人以外の戦災死・原爆死・勤労動員中の死亡を含む
明治大学	明治大学百年史編纂委員会	1986～95年	海軍予備学生·予備士官 陸軍特別操縦見習士官第一期生 海軍特攻隊員 陸軍特攻隊員
慶応義塾大学	経済学部 白井ゼミナール	1992～99年	日中戦争以降の軍人及び軍属 卒業生・学生・教職員の戦没者、商工卒、看護婦を含む
青山学院大学	青山学院大学 プロジェクト95 顧問 雨宮 剛	1994年1月～95年7月	日中戦争～太平洋戦争に戦没した青山学院中等部・専門部の校友、教職員
東京大学	東京大学史 史料室	1997年3月終了	1926年以降1945年以前に入学した在学生及び卒業生・退学者で戦没したもの
中央大学	中央大学		日中戦争～太平洋戦争 在学生の戦死者で、仮卒業者を除く。

慶応義塾大学改訂卒業者数（旧制）

卒業年・月		昭8・3	8・12	9・3	10・3	11・3	12・3	13・3	14・3	15・3
年度		7	8		9	10	11	12	13	14
『慶応義塾百年史』		879		1032	839	928	886	850	957	1047
改訂数（大学計）		881		1087	848	935	872	845	963	1044
学部別内訳	文	72		72	44	56	60	59	51	48
	経済	418		531	508	521	477	459	557	585
	法	170		187	105	145	137	138	159	172
	政	115		199	81	97	103	82	93	127
	医	106		98	110	116	95	107	103	112
	工									
高等部		189	216	145	136	158	160	183	172	215

慶応義塾大学改訂卒業者数（旧制）（続き）

26・3	25・9	25・3	24・3	23・3	22・9	21・9	20・9	19・9	18・9	17・9	12	昭16・3	卒業年・月
25		24	23	22		21	20	19	18	17	16	15	年度
1783		1425	1084	1620		1305	1094	420	1319	2471	1134	1082	『慶応義塾百年史』
27	1788	1430	1084	1230	1424	1108	439	1282	1314	1264	1128	1057	改訂数（大学計）
10	176	149	102	47	72	53	21	94	85	109	53	54	学部別内訳 文
6	863	778	688	935	689	518	104	627	726	672	640	563	学部別内訳 経済
7	195	137	52	115	142	144	32	186	196	159	124	163	学部別内訳 法
4	251	151	68	133	131	122	25	137	200	219	204	160	学部別内訳 政
	151	92	106		118	119	126	112	107	105	107	117	学部別内訳 医
	152	123	68		272	152	131	126					学部別内訳 工
						24	184	209	232	228	236	209	高等部

（注）従来の『慶応義塾百年史』や『慶応義塾年鑑』に記された卒業者数には疑問があり、検討を依頼した結果、1994年に正式に改訂された。新しい数字は、1997年発行の『慶応義塾年鑑』から記載されている。ただし19年の工学部卒業生は192名となっている。

共同研究に関する報道と関連文献一覧

［一九九二］

一〇月号　『三田評論』［山上広場］「塾員の著作に見る太平洋戦争」展

一二月　八日　『東京新聞』など　［この人］〝学徒動員五〇周年を前に「大学と戦争」の研究を進めている〟

［一九九三］

二月一六日　『朝日新聞』〝『戦時下慶大生の心』を発掘　学徒出陣五〇年、白井ゼミの研究〟

二一日　NHKラジオ第一　［トピックス］『朝日新聞』記事の紹介

三月三一日　『近代日本研究』（慶応義塾福沢研究センター）白井「共同研究『太平洋戦争と慶応義塾』をめぐって」

四月　五日　『慶応キャンパス』［PROF、ZOOM　UP　研究室訪問］「太平洋戦争と慶応義塾」

九日　NHK総合テレビ　［NHKニュース7］「戦争と大学、慶大で初の講義」

九日　NHKラジオ第一　［ニュース］　上記の内容

一八日　ラジオたんぱ　［こんにちは日本　アジアは友だち］座談会・「学徒出陣」をめぐって　司会—銭行

六月三〇日　『朝日新聞』夕刊　［語り継ぐ学徒出陣50年］⑦　聴講の田波文江について

七月二〇日　『三田新聞』　白井「太平洋戦争と戦争責任」

二六日　『朝日新聞』夕刊　［戦争とスポーツ］中〝慶大の白井教授　研究の一環、聞き取り調査〟

三一日　『日本経済新聞』など　［消息・あの人この人］「学徒出陣」写真展の写真募集について

八月　八日　『東京新聞』〝平和のために戦争知らねば　あすから慶大で『学徒出陣展』〟

一一日　衛星チャンネルテレビ　News & Review　［シリーズ　語り継ぐ学徒出陣①］「太平洋戦争と慶応義塾」をめぐって

一三日　NHK総合テレビ　［NHKスペシャル］「長い航跡〜50年目のわだつみのこえ」

一四日　『産経新聞』　若者に伝えたい〝わだつみの精神〟

一四日　『朝日新聞』夕刊　［窓　論説委員室から］「学徒出陣」写真展と現代の学生について

一五日　『読売新聞』［顔］〝「太平洋戦争と慶応義塾」をテーマに学生と共同研究を進める〟
一五日　『毎日新聞』［社会　事件　ひと　話題］「学徒出陣」の討論会について
二一日　*The Daily Yomiuri*［Newspeople］"Teaching students about Pacific War"
二四日　*The Japan Times* "Widow recalls Pacific War Tragedy" 田波文江と写真展について
八‐九月号　『三田評論』白井「悲しき史実、悲惨な体験」
九月号　『朝日人』松井覚進「語り継ぐ学徒出陣五〇年　取材の背景と反響」
一〇月一八日　『うたごえ新聞』〝「学徒出陣」五〇年と今〟
二〇日　ＮＨＫ総合テレビ［ＮＨＫニュース7］「学徒出陣50年掘り起こす記録」
二三日　テレビ朝日［ザ・スクープ］「秘話！　学徒出陣50年〝われ帰国せず〟」ゼミの共同研究風景紹介
三一日　*Pacific Stars and Stripes,*（Pacific Sunday）［Feature］"A WWⅡ casuality of the heart" 田波文江の心
一〇月号　『慶応ＢＲＢフォーラム』［塾のうちそと］〝平和のために「学徒出陣展」〟
一一月一九日　『朝日新聞』夕刊〝『自衛の戦い』6割が信じた　慶大ゼミ　大戦時の先輩一七〇〇人に聞く〟
一一月号　『三田評論』［山上広場］白井ゼミの写真展「塾生たちの『学徒出陣』」がしばしばマスコミで報道されたこと
一二月　八日　『朝日新聞』夕刊　戦争体験を伝える時の用語の理解について
八日　『三田新聞』白井ゼミ防衛大学校訪問同行記
八日　『中日新聞』立命館大学国際平和ミュージアムに出品した慶大の資料について

［一九九四］

一月　一日　『慶応ＢＲＢフォーラム』［塾のうちそと］〝「大学と戦争」を考える〟
六月　『埠頭』（横浜慶友会）白井「戦争体験の継承は可能か」
七月一五日　『せいきょう』（慶応生協）白井「特攻五〇周年」
三〇日　『学徒出陣五〇年』（松井覚進著）第三章「学徒の心の発掘が始まった」など
八月一三日　『朝日新聞』〝特攻五〇周年テーマに〟マリオンの展示について
一三日　『読売新聞』［ニュース　スポット］〝「特攻展」に高円宮さま〟慶大の展示へ

一六日　『長崎新聞』わだつみ会における白井の講演について
一九日　ＮＨＫ総合テレビ　朝のニュースでマリオンの展示を紹介
二〇日　『朝日新聞』〝「特攻五〇周年～戦時下の青春」展　慶大白井ゼミ企画　「月光の夏」上映も　苦悩と死……悲劇の文章〟
八・九月号　『三田評論』白井「慶応義塾関係戦没者名簿の作成について」
一一月　白井ゼミ『特攻五〇周年～現代の若者たちへのメッセージ～展示と講演の記録』を発行
一一月二〇日　『わだつみのこえ』九九号　白井「大学―風にそよぐ葦の歴史」
二〇日　『三田新聞』〝白井ゼミ、戦没者名簿完成へ〟
一一月号　『三田評論』［山上広場］〝涙を誘う「特攻展」　有楽町マリオンや塾で〟、［山上広場］〝民放連賞を受賞した銭行君〟
一二月一一日　『神奈川新聞』［ＴＯＤＡＹかながわ］〝慶大では「大学の戦争協力」〟
一五日　『朝日新聞』［戦後50年］「慶応大出身戦没者のご遺族の方へ」〟

［一九九五］

三月　三日　*The Japan Times* "Lyrics better than lectures" 小島清文の語り部活動に白井ゼミが協力
五月一二、一九日　ラジオたんぱ第一放送［戦後五十年の視点から］白井「戦前の塾生の生活　学徒出陣」①②
六月一七日　『北国新聞』など［きょうの人］〝学徒出陣兵の修士論文に取り組むローリー・フィルベックさん〟
七月　三日　『長崎新聞』など［この人 '95］〝高い「学徒出陣」への関心　学生と共同研究〟
三一日　『資料館だより』（港区立郷土資料館）白井「太平洋戦争と慶応義塾」
八月　三日　*The Japan Times* "Pilot notes bare human side" フィルベックの修士論文について
一〇日　『日本経済新聞』〝撃沈の旧日本軍潜水艦を発見　遺族らの胸にさざ波〟　麻田光子の卒業論文について
一〇日　『オクスフォードから』（白井厚・堯子著）『近代日本研究』の論文を収録
一五日　ＮＨＫ総合テレビ［ニュース７］神代忠男先輩とゼミの学生が戦没者名簿作成などについて語り合う

二五日　『朝日新聞』［ひと］「太平洋戦争と慶応義塾」について

九月一五日　『慶応キャンパス』［研究室訪問］〝「本塾と太平洋戦争」白井ゼミで共同研究〟

二五日　『慶応塾生新聞』［Monthly Profile］〝学生とともに戦没者名簿を作成〟

三〇日　『社会思想史研究』（社会思想史学会）白井「慶応義塾大学における社会思想研究と大平洋戦争」

一〇月　一日　『麻布学園二三四会会報』白井「太平洋戦争と慶応義塾」

一二月一八日　『朝日新聞』夕刊［ことば抄］〝立教大学総長塚田理さん　戦中は国家宗教に敗北。自由な学問守るべきだ〟（白井の講座で講義）

一九日　『東京地連職員院生ニュース』（大学生協連）「敗戦50周年展と講演会」

一二月号　『婦人通信』白井「展示と戦没者リスト」

［一九九六］

二月　一日　『通信三田会報』〝記念講演会は白井教授「太平洋戦争と大学」〟

一日　『通信三田会報』白井「ゼミナールに通教生十名参加」

二三日　『せいきょう』「敗戦五〇年展」の見学と講演会に参加して（塚越サキ代、榎元愛子）

三月三一日　『新潟日報』など［人　ことば］〝将来誤らない歴史観育てよ〟白井の最終講義の紹介

『わだつみのこえ』一〇二号　白井「戦争体験の歴史化をめざして―慶大経済学部における『太平洋戦争と大学の講義』」

『わだつみのこえ』一〇二号　ローリィ・フィルベック「第二次世界大戦中に戦った学徒兵の思想」

四月一四日　白井『戦争体験から何を学ぶか』（最終講義、白井ゼミ発行）

四月　『三田学会雑誌』白井「五〇年目の大学評価」

八月　一日　『評論』白井「太平洋戦争と大学」

九月号　『不戦』白井「戦争と大学」

一二月一〇日　『朝日新聞』夕刊［人間往来］〝戦争・大学テーマに論文集〟（退職記念論文集紹介）

一五日　『朝日新聞』〝戦争中の大学の実状　多様な執筆者で論究〟（新刊紹介）

［一九九七］

一月二六日　『神奈川新聞』など　『大学とアジア太平洋戦争』（新刊紹介）

三月号　『三田評論』［山上広場］「白井厚名誉教授退職記念論文集刊行」

四月号　『三田評論』　白井「丸山真男の福沢論と『三田新聞』」

四月号　『如水会会報』（S）「『大学とアジア太平洋戦争』を読む」

五月　『大塚会会報』　片岡武史「『大学とアジア太平洋戦争』について」

　『大塚会会報』　白井「大塚論の波紋」

八月一五日　『等々力通信』　馬場紘二「戦争を語り継ぐ」

二三日　『学生新聞』　〝侵略戦争と大学、学生　白井厚さんに聞く〟

二八日　『太平洋戦争と慶応義塾』（日吉地下壕保存の会）　白井「『学徒出陣』と特攻隊」

一一月二二日　『わだつみのこえ』［本・ほん］岡田裕之『大学とアジア太平洋戦争』

一二月　白井『わがゼミ、我が人生』（退職記念講演、実行委員会発行）

二五日　『アメリカ経済思想史研究ニューズレター』　白井「太平洋戦争中のアメリカ観の変化―特に小泉信三の場合」

二〇日　『慶応義塾医学部新聞』　阿部達夫「医学部六十年記念誌戦没者名簿の誤り」

［一九九八］

五月一五日　『週刊金曜日』［書評］伊藤成彦「大学の軍事化はどのように行われたか」

九月三〇日　『社会思想史研究』［書評］安川寿之輔『大学とアジア太平洋戦争』

一〇月　一日　『わたしと教育勅語』（戦争と学徒の青春を考える会）　白井「『教育勅語』と現代の学生」

一二月　『教育学研究』（日本教育学会）　［書評］中野実『大学とアジア太平洋戦争』

［一九九九］

一月一三日　『産経新聞』　〝あの戦争　先輩たちの死と生忘れないで　慶大名誉教授と教え子らが戦没者名簿〟

三月　『日本女子大学学園史ニュース』　白井「大学史とアジア太平洋戦争」

共同研究参加者リスト（五〇音順）

一九九二年卒業
川西光美・籾岡宏成・橋本文宏
一九九三年卒業
阿久津烈・新井隆道・荒木純子・石紀美子・伊藤斎・伊藤雅啓・上田武彦・小国力・後藤敬信・今和信・鈴木豪・関口暢子・土屋景・内藤昌史・中地修・中村浩一・中村剛介・百田克弘・森吉弘・湯田幹夫
一九九四年卒業
石川大輔・梅沢正史・大石理・丘山泰司・鎌田理・小林元信・末包洋平・武田哲也・多胡充弘・館野泰・寺西努・中川敦・二谷哲史・野沢徹・原健・原崇人・広瀬幸司・広田佑之・藤田連理
一九九五年卒業
飯塚正豪・浦田賢一・大塚直・片岡宏介・加藤俊直・佐々木博康・杉山直・高野陽平・舘下英司・戸水稔・長野興平・野上哲・平山勉・福沢忠・福田亮・松本景
一九九六年卒業／一九九六年大学院博士課程修了
新井貴博・角澄枝・梶充博・川瀬伸広・河本和文・嶋佐奈江・鈴木金宏・是津貴之・銭行・大丸任・武井晶・土屋貴司・徳丸友美・戸塚唯裕・長谷川浩子・羽鳥隆之・茂澄祐亮・山田健太・山本学・吉田裕一郎　／ローリィ・フィルベック
一九九七年卒業
佐藤祐介・平沼雄介
一九九八年卒業（二年の時のみ在籍）
小谷洋平・田村雅美・土田高行・永野祐輔・服部卓也・湯浅太郎
通信教育課程
麻田光子・阿尻みさを・飯島健作・伊藤笑美子・大島勝子・岡田真実・小野ゆかり・香川宮子・亀岡敦子・須藤美香子・森岡巨博
研究室秘書
浅羽久美子・翠川紀子
その他、戦争体験世代の卒業生など多数

あとがき

〝よく学生が反乱を起こしませんね〟と人に言われるぐらい、ゼミの学生はよく活動したと思う。七五〇〇通という空前のアンケートの発送、回答の整理、文字起こし、コンピュータ入力、統計処理、分析、大先輩へのインタヴュー、矢継ぎ早の行事（講演会、討論会、研究発表会、ビデオの会、三田祭参加、見学旅行など）、特に毎年敗戦記念日を中心に大学の図書館で二カ月間行った戦争関係の展示、三千人も集まったマリオンの展示、そのたびに課せられる感想文の整理、報告書の執筆、機関誌の編集と発行、更に数種のパンフレット作成、そして本書の執筆――皆よくやった。

この共同研究を始めたころ、参加した学生に「鬼畜米英」のような戦時中のスローガンで今は死語となっているものを知っているだけ書け、というテストを試みた。結果は三一人中〝欲しがりません勝つまでは〟を二〇名、〝贅沢は敵だ〟を五名、〝八紘一宇〟〝進め一億火の玉だ〟を三名、〝撃ちてしやまん〟〝本土決戦〟〝一億玉砕〟を二名、〝産めよ殖やせよ〟〝月月火水木金金〟〝滅私奉公〟〝本土決戦〟〝武運長久〟を一名が書いただけであった。戦時中の生活や用語は遠い昔の物語となり、ゼミで太平洋戦争を研究しようという学生でもこの程度なのである。一九九五年に「軍隊」用語と「皇国史観」用語を講義の際テストしてみたら、「八紘一宇」「醜の御楯」などの語を知る者はごく少数、「甲幹」や「予備学生」などは誰も知らなかった。（『大学とアジア太平洋戦争』二六七ペイジ。）

戦争体験世代との間にこのような知識の断絶、常識の断絶、意識の断絶があることは明らかだが、活発な学生の活動は僅かでも架橋に成功したようである。慶応義塾という地域に限定してのことだが、戦時中の情報は可能な限り集めよう、歴史の空白はわれわれの力で可能ならばすべて埋めよう、これまでの歴史を書き直そうという意気込みでぶつかり、多くの大先輩たちがこれに応えてくれた。そして、私も知らなかったような事実がつぎつぎと蓄積されたのである。最後に学生たちは、こんな文章を書き残してゼミを去った。

〝現在の日本や世界の歩みは太平洋戦争を抜きにしては語れない。〟

〝何年にもわたって、一つの研究テーマで研究してきた……個人では到底果たしえない……大きな遺産である。〟

〝後世に資料を残すこと、未来の人に戦争の悲惨さの注意を喚起することがとても大事……。〟

〝将来を担うであろう現在の学生に対して、太平洋戦争理解への道程を示した……。〟

〝戦争に行った人の側から太平洋戦争を考えることができるようになった。〟

〝われわれは戦争に対してあまりにも「無知」でありすぎる。……太平洋戦争自体、「無知」が引き起こした有史以来最も恐ろしい誤りであった。〟

〝戦争体験者の生の声を聞けたことに非常な意義を感じる……「読む」歴史とは全く質が違う。〟

〝賢者は歴史に学び、愚者は経験に学ぶ。〟

（『創世』28号〔一九九七年〕から）

われわれの蓄積には、本書に収録したもののほかに、アンケートの未発表部分、オーラル・ヒストリィ、塾員執筆太平洋戦争体験記録文リスト、戦時中の教員業績調査などまだまだ厖大な量があり、また戦時下の日記の研究や、戦時中の留学生・朝鮮台湾出身学生の調査や、異彩を放った学生の紹介など、やらねばならぬことは沢山残っている。太平洋戦争と大学一般については、われわれはすでに『大学とアジア太平洋戦争』において慶大、関西学院大、同志社大、上智大、大正大、東亜同文書院大、ハーヴァード大、ハイデルベルヒ大、モスクワ大などについて研究の口火を切り高い評価を得ているが、大学として戦時期についての調査を本にまとめたのは東京大学だけであり、[1] 個人的に調査をまとめたのは青山学院大学の雨宮剛氏、[2] そして大学として戦争責任を反省しそれを本に示したのは寡聞にして明治学院大学の例しか知らない。[3] あとは大学史の数章をこれにあてるか、体験談のいくつかを編集してお茶を濁すかの程度である。優秀な知性の持主を多数抱え、学問の殿堂たることを誇る大学が、日本史上最大の事件（しかも近隣諸国に大被害をもたらし、かつ惨たんたる失敗に終わった）に関して学生を全くの無知の状態に放置し、その最大の犠牲者を忘却の淵に沈めたままでおくとは、怠慢の極と言わねばならぬ。

本書の冒頭で述べたように、ゼミとしての研究は、読者に対してあの戦争を考えるための情報を出来るだけ多く提供することを目的としている。あとはこれを材料に読者諸賢がそれぞれの知性を発展させて、人類の前途にかかる大失敗・大被害が再現しないよう努めてほしいと願うのみでる。

（白井）

（1）東京大学史史料室編『東京大学の学徒動員・学徒出陣』東京大学、一九九七年。

（2）青山学院大学プロジェクト95編『青山学院と出陣学徒――戦後50年の反省と軌跡――』雨宮剛、一九九五年。

青山学院大学プロジェクト95編『青山学院と平和へのメッセージ――史的検証と未来展望――』雨宮剛、一九九八年。

（3）明治学院敗戦50周年事業委員会編『心に刻む　敗戦50年・明治学院の自己検証』明治学院、一九九五年。明治学院敗戦50周年事業委員会編『未来への記憶　こくはく――敗戦50年・明治学院の自己検証』ヨルダン社、一九九五年。

『共同研究 太平洋戦争と慶應義塾 本文篇』への追記

本書は、一九九九年に慶應義塾大学出版会から発行された『共同研究 太平洋戦争と慶應義塾』の改版である。改版前の書に含まれていた第五章「アジア太平洋戦争における慶応義塾関係戦没者名簿」は、確認された戦没者がその後の調査で増加して二一六五名から二二二三名となり、『アジア太平洋戦争における慶應義塾関係戦没者名簿』（慶應義塾福澤研究センター資料⑾）として二〇〇七年に慶應義塾福澤研究センターから刊行されたので、それを除いたかたちで作成した。

このようなやや変則的なかたちでも刊行する理由はいくつかある。第一にこれは、昨年創立一五〇年目の年を祝った慶應義塾史において、太平洋戦争の歴史を研究するために読まれるべき唯一の専門書であり、しかも多くの新視点、新資料を含み、絶版のままにとどめてはならぬと考えたからである。戦後すでに六五年に近づき、戦争体験者も資料も激減、学生はおろか教師までも戦争を全く知らず自校の多数の戦没者を顧みる手段もないというような状況は、大学の姿ではない。

さらに言えば、戦争中の大学についての調査はわれわれの前に一橋大や東大や青山学院などで始まっており、われわれのあとに立教や京大が続いたが、本書は白井ゼミナールの四冊の戦争研究（他の三つは『大学とアジア太平洋戦争』『証言 太平洋戦争下の慶應義塾』および前記の『戦没者名簿』）の中心であり、学界に大きな影響を与えただけでなく、ゼミナールの共同研究の実例として若い世代へも訴えるものがあるからである。

本来なら改版に際してその後の研究成果を盛り込むべきであるが、現下の出版事情がそれを許さないことが残念である。ペイジが少なく読みやすくなったので、若い諸君がぜひこの内容を十分吟味し、若い力でわれわれの問題提起を更に展開されんことを期待したい。

白井　厚

二〇〇九年一〇月

〈監修者紹介〉

白井　厚（しらい あつし）
慶應義塾大学名誉教授。経済学博士（1967 慶大）。

【主な著書】
『ウィリアム・ゴドウィン研究』未來社、1964、増補版 1972。『オウエン』（世界思想家全書）牧書店、1965。『女性解放論集』（白井堯子と共著）慶應義塾大学出版会、1982、増補版 1987。『社会思想史断章』日本経済評論社、1989。『協同組合論集』慶應義塾大学出版会、1991。『オクスフォードから』（白井堯子と共著）日本経済評論社、1995。『大学とアジア太平洋戦争―戦争史研究と体験の歴史化―』（編著）日本経済評論社、1996。『いま特攻隊の死を考える』（編著）岩波書店、2002。『証言　太平洋戦争下の慶應義塾』（浅羽久美子、翠川紀子と共編）慶應義塾大学出版会、2003。『日吉・帝国海軍大地下壕』（監修）平和文化、2006。『アジア太平洋戦争における慶應義塾関係戦没者名簿』（編）慶應義塾福澤研究センター、2007。その他。

【主な訳書】
G. ウドコック『アナキズム』Ⅰ，Ⅱ　紀伊國屋書店、1968、書物復権版 2002。W. ゴドウィン『メアリ・ウルストンクラーフトの思い出』（白井堯子と共訳）未來社、1970。R. オウエン「社会にかんする新見解」『世界の名著　続8　オウエン　サン・シモン　フーリエ』中央公論社、1975。その他。

共同研究　太平洋戦争と慶應義塾　本文篇

2009年11月14日　初版第1刷発行

監修者――――白井　厚
著　者――――慶應義塾大学経済学部白井ゼミナール
発行者――――坂上　弘
発行所――――慶應義塾大学出版会株式会社
〒108-8346　東京都港区三田2-19-30
ＴＥＬ〔編集部〕03-3451-0931
〔営業部〕03-3451-3584〈ご注文〉
〔　〃　〕03-3451-6926
ＦＡＸ〔営業部〕03-3451-3122
振替 00190-8-155497
http://www.keio-up.co.jp/
装　丁――――桂川　潤
印刷・製本――図書印刷株式会社
カバー印刷――株式会社太平印刷社

Printed in Japan　ISBN 978-4-7664-1710-4